本书系国家社会科学基金教育学课题"西部高校参与式培训提升教师教学能力的行动研究——以云南省为例"（BIA120062）结题成果，由云南大学高端智库建设项目资助出版。

大学教学的逻辑及其治理

——基于典型案例的质性研究

王 菊◎著

人民出版社

责任编辑:郭星儿

封面设计:源 源

图书在版编目(CIP)数据

大学教学的逻辑及其治理:基于典型案例的质性研究/
　王菊 著. —北京:人民出版社,2019.10
ISBN 978-7-01-021206-7

Ⅰ.①大… Ⅱ.①王… Ⅲ.①高等学校-教学研究-中国
Ⅳ.①G642.0

中国版本图书馆 CIP 数据核字(2019)第 186554 号

大学教学的逻辑及其治理

DAXUE JIAOXUE DE LUOJI JIQI ZHILI

——基于典型案例的质性研究

王菊 著

人 & 出 版 社 出版发行

(100706 北京市东城区隆福寺街 99 号)

环球东方(北京)印刷有限公司印刷　新华书店经销

2019 年 10 月第 1 版　2019 年 10 月北京第 1 次印刷
开本:880 毫米×1230 毫米 1/32　印张:10.375 字数:215 千字

ISBN 978-7-01-021206-7　定价:32.00 元

邮购地址 100706　北京市东城区隆福寺街 99 号
人民东方图书销售中心　电话 (010)65250042　65289539

目　录

序　一

康　健

作为王菊的老师，得知她即将出版新作《大学教学的逻辑及其治理——基于典型案例的质性研究》后，我由衷地感到欣慰和自豪。

她的书稿也引发了我的很多思考和回忆。本书探讨的"大学教学"也是我自己在30多年的教学生涯里断断续续关注和思考着的一个问题。1985年，我在美国俄亥俄肯特州立大学读完硕士学位后回到北师大继续任教，我当时开了一门新课《美国高等教育》。除了赠地学院、威斯康辛思想、霍普金斯大学与美国科学研究体制等重点内容，这门课程集中探讨的就是教学、研究和社会服务等大学职能及其相关问题。我一直坚信，无论大学的形态如何变化，教学是大学的本质所在，教书育人始终是大学教师的天职。不然，大学就不再成其为培养人的教育机构，大学教师也就徒有其名了。然而，无论当时还是现在，太多的大学教育工作者并没有认识到大学教学的本质和大学教师职业的专业性。

《大学教学的逻辑及其治理——基于典型案例的质性研究》对于"大学教学"的研究既聚焦现实问题，又对接理论前沿，并形成了自己独特的逻辑体系和表述风格。仔细阅读全书后，我认为，这本书的特色主要表现在以下三个方面：

第一，该书对于大学教学的要素及其相互关系进行了系统深刻的理论阐释，这种阐释有助于人们全面把握大学之"教"和"学"，以及大学教师职业的特点和大学教学管理规律。大学教学的道理并不复杂，但要说清楚并不容易。因为，讨论大学教学必定涉及科学研究、大学生的认知发展与成长、专业教育、教学艺术、师生关系、职业伦理等深层次问题。为了从理论上说透大学教学，作者追本溯源地考察了学者、研究、师者、课程、课堂等教学要素，从教学论、伦理学、管理学，以及"行动理性""联合产品""教学学术"等新视角分析了大学教学的情境性和复杂性，从自主性、自律性和利他性的视角分析了大学教师职业的专业性。据我所知，关于大学教学和大学教师的同类著作中，如此系统深刻的研究并不多见。

第二，作者对于大学教学现实问题的把握是精准而系统的，这种"问题导向"的研究应该得到更大的推广。在指出"教授不教"、讨论课流于形式、大学教师不批改作业、学术失范等我国大学当前存在问题的基础上，作者不但深入分析了问题产生原因，还通过枚举理想案例的方式提出了解决思路，从而以自己的独到见解回答了研究与教学的关系、为什么要读经典著述、如何上好研讨课、教学质量来自哪里、如何"打分"、对学生是赏识还是批评、何为"教得好"、何为"学得好"等现实而具体的问题。我以为，较之某些圈内人自说自话的"书斋学问"，实证取向的教育研究无疑更有生命力，也更有利于改进教育实践，这也是厉以贤、王策三等已故的我国教育学前辈所走的研究路径，看到王菊承续了这种优良传统，我由衷地感到欣慰。

第三，该书为质性研究方法在教育学科的运用作出了很好的示范。人类对于教育现象的认知可谓自古有之，孔子和赫尔巴特等先贤的教育思想分别代表着东西方思辨教育学的研究传统。19世纪末20世纪初，随着自然科学研究方法向教育领域的渗透，实验、定量分析等科学手段越来越多地被应用到教育研究之中，教育学也从单一的"pedagogy"发展为复合的"education sciences"。不过，在我看来，兼具逻辑实证性和人文精神的质性方法尤其适合研究教育实践问题，因为它能够深入揭示教学教育活动对于教师和学生的意义，也最能引起教育实践变革。在王菊攻读博士学位期间，我和她多次讨论过教育研究方法问题，我曾建议她多多地向陈向明老师（她是第一个将质性研究方法系统引入中国的学者）求教。在《大学教学的逻辑及其治理——基于典型案例的质性研究》一书中，王菊运用实物分析、深度访谈、课堂观察等方法从几十位云大、北大一线教师和教学管理者的教学实践中建构出理想化的大学教师之"教"和大学教学之"治"；她还采用质性方法对杨振宁、江山、俞敏洪、乔和丹的求学经历进行了解读。因此，整本书既有深邃的思想，又有鲜活的真实故事，论述严密而又明白晓畅，避免了一般理论书籍的枯燥和艰涩，是一本可读性很强的个人学术专著。

《大学教学的逻辑及其治理——基于典型案例的质性研究》让我看到了王菊的成长，也让我愉快地回忆起我在北师大和北大的教学生活。萧伯纳说："回忆往事使人非常愉快地感到衰老和悲哀。"为师者最大的幸福就是看到自己的学生成长起来。我和王菊有着两段师生情缘，一段是在1990—1994年的北师大教育系，另一段则是在2003—2008年的北大教育学院。前一段是王菊上本科时，我是他们班的班主任，王菊担任副班长和团支书。后一段是王菊在职攻读博士学位期间，我那时候任北大附中校长也在北大教育学院任教，我是她的导师团队的成员。在过去的30来年里，我看到王菊从十八九岁的大姑娘一步步地成家立业、为人母、为人师，看到她在而立之年再度北上求学，知道她成为单位的业务骨干并走上领导岗位。而我自己呢，也从40来岁的中年人变成了古稀老人。

王菊的成长使我感到自豪，王菊的女儿丹（本书第三章第五个案例的主角）的成长也让我感到自豪。在我退休后担任"美丽中国"首席教育官在云南支教期间，丹也曾到楚雄做志愿者，这孩子的独立和能干令我印象深刻。在王菊的专著中读到丹的故事后，我更加了解丹了。当然，我更被王菊这种"教吾子以及人之子"的教育情怀深深打动。我想，二十几年来，王菊正是用这样的情怀来做教育工作的，从《大学教学的逻辑及其治理——基于典型案例的质性研究》一书中，我们可以真切地感受到她的教育情怀。

放眼当前的中国大学，课堂教学、师生关系，以及校园文化都出现了不少问题，这些问题导致我们的大学与真正的优质大学相去甚远，中国大学到了必须严肃匡复教学中心地位和必须重建师生关系的时候了。

我衷心地希望王菊的研究和呼吁能够引起更多的大学教师、管理者和领导，以及大学生及其家长对于大学教学的重视，也衷心地希望有更多的大学教育工作者像王菊一样以"不信东风唤不回"的信念来推进大学教学改善，那样，我国的教育事业将会越来越接近我们的理想。

2019 年 7 月于北大博雅西园

序　二

陈洪捷

　　王菊对大学教学问题的兴趣，可以说由来已久。这本
《大学教学的逻辑及其治理——基于典型案例的质性研究》就
是她多年来思考和研究的结果。

　　王菊在云大从事教务管理期间，曾在北大在职攻读管理
学博士学位（2003—2008 年），作为导师的我有机会得以分享
她对教学和教务工作的思考。她的博士论文题目就是来自她所
负责的工作，聚焦的是大学的本科专业增设和大学生培养问题。

　　到云大高等教育研究院任职后，王菊继续思考和研究大
学教学问题。

　　大概是 2017 年暑假吧，王菊让我看了她的一篇 3 万来字
的长文，文章讨论到美国的教学学术、2000 年以来我国政府
和大学推进教学的举措，以及历史上若干教师关于教学的言论
和行为。当时，我建议她对文章进行"瘦身"，集中讨论其中
一块到两块内容。

　　过了一年左右，王菊发来一篇关于大学良师如何教学的

质性研究论文，我拜读后觉得很不错。不过，她自己认为还不够理想，想要再进一步完善。

到了今年4月份，王菊告诉我她正在写作专著，决定重新启用并完善那些曾被"忍痛割爱"的部分，以便系统完整讨论大学教学问题。

拜读《大学教学的逻辑及其治理——基于典型案例的质性研究》全书之后，我觉得王菊实现了她的写作初衷——"系统完整讨论大学教学问题"。我想，王菊之所以要"系统完整讨论大学教学问题"，不仅是因为大学中的教学很重要，更是因为这一重要的事情变得不重要了。从教师方面看，"教授不教""教师不愿教"的现象非常普遍。从学生方面看，"学生不学""学生不愿学"。更令人担忧的是，大学也普遍重科研而轻教学。这就是当下我们大学的现状。我们的大学曾经竭力为科研正名，努力提升科研的地位。然而时过境迁，我们今天却反过来为教学正名，在科研强权面前为教学争取它应有的位置。

"系统完整讨论大学教学问题"对于我国当前的高等教育具有非常重要的现实意义。我是20世纪80年代初期上大学的，那时候的大学教师既潜心研究也用心教学。比如，任教于北大的著名化学家徐光宪教授曾经说过"上课比天大"。课堂是大学的神圣中心，教学是大学本质之所在。"教授不教"，既是教授的异化，也是大学的异化；"教好教坏一个样"既是大学教学生态的恶化，更是大学学术生态的恶化。长此以往，大学存在的合法性根基必然受到损害，一代代青年的成长也将因此受到耽误。

最近几年来，研究大学教学的论著不少。然而，王菊的这本《大学教学的逻辑及其治理——基于典型案例的质性研究》却是一项令人耳目一新、具有独创性的科学研究成果。

其一，这部新作是作者对大学教学的一次全方位的梳理与思考。王菊在教学管理方面有多年的经验，深知教学工作重要性和教学当前所面临的问题。作为一名大学中教务部门的管理者，她不仅要不断地思考这些问题，还要在现实中对付这些问题、解决这些问题。因此，在一些人看来似乎寻常简单的大学教学，对王菊来说却是一个复杂而系统的领域，所以需要从不同的角度来进行讨论。从《大学教学的逻辑及其治理——基于典型案例的质性研究》一书中，我们看到作者采自古今中外的例子，视野囊括知识、教学、学习、教师和学生，论述的层次从哲学到教学法，从知识论到黑板。这样的系统梳理和分析无疑是有助于读者充分而深入地把握大学教学之真谛的。

其二，这部新作采用了读者喜闻乐见的方式来传播大学教学的真谛。在这本专著里，作者没有沿用其博士训练中所掌握的学究式的方法，而是以活生生的人物为中心，挖掘众多教师和学生的教学和学习经历，讲述他们的故事，通过案例和事例来呈现真正的教学之道、学习之道、以及教与学的互动之道。这些生动的案例和故事，不仅有助于说明道理，更有助于读者接受这些道理。这估计也是作者的良苦用心。她希望各位读者能通过阅读这些理想的人物，能够体会到教学和学习的真谛，产生共鸣，自觉地将其视为对标的对象。

其三，该书在深入考察"教得好"和"学得好"的微观机制的基础上，探讨了卓越教学所需要的制度和环境。这是作者试图推动现实问题解决的心愿和努力，这种敬业精神和教育情怀非常难能可贵。

其四，我觉得书中有一个概念很好地体现了作者的旨趣，即"理想化的解释"。作者选择的教师、学生和管理方面的案例都是优秀的，作者又进行了"理想化"的解释。这种"理想化的解释"虽然无法涵盖所有教师、学生和大学的类型，但却能提供一种"理想化"的参照。按古人的说法，我们做事要取法乎上。这部著作在很大程度上就是一部取法乎上的大学教学及其管理指南。

我衷心期望更多的大学教育工作者读到这本充满正能量的指南，从而以正确的教育见地推进现实问题的有效解决，希望大学教学的神圣地位得以匡复，希望大学里荡漾起激浊扬清的教学清风。

2019 年 8 月于德国

引　论

本书所研究的问题来自 20 世纪 90 年代以来我国高等教育实践领域。

20 世纪 90 年代以来，我国众多的大学从教学型转向研究型。强势来袭的科研转向使得大学和大学教师一时间"重科研轻教学"，以致出现了"教授不教"等大学乱象。我国政府自 2001 年即开始整治"教授不教"等大学教学中出现的问题，并于 2016 年正式使用美欧广泛流行的"教学学术"① 这一概念

---

① 1990 年，为了申明大学教学对于学术、学生乃至国家的重要性，时任美国卡内基教学促进会前主席的厄内斯特·博耶（Ernest Boyer）提出"教的学术"（the scholarship of teaching）这一概念，以期为大学教学正名，并强烈呼吁各方重视大学教学。2000 年，博耶的继任者、卡内基教学促进基金会第八任主席李·舒尔曼（Lee S.Shulman）将学生的"学"纳入教学学术的范畴，把"教的学术"发展为"教学学术"（the scholarship of teaching and learning，简称 SoTL，也有人将其译为"教与学的学术"），并积极推动教学学术的思路转化为实践。

指称大学教学。① 然而，直到 2018 年依然有教授以极其不负责任的态度对待教学并公然对着受教学生宣称自己是不得已才来上课的。②

再有，1999—2002 年间，众多大学因急剧扩招而使得办学规模迅速扩大。学生规模的迅猛扩张改变了大学生的群体结构，也改变了大学原有的教学生态。一段时期以来的我国大学里，学生"混日子"的情形并不鲜见，甚至，一些大学生沉迷网络游戏、晚睡晚起、逃课、抄袭毕业论文……③

大学定位的调整和学生规模的扩张冲击和影响着大学师生及其教学活动，这是当前我国大学出现乱象以及教学质量令人堪忧产现实客观环境。

本书试图在系统梳理大学教学客观规律的基础上，为大学教学正本清源；同时，本书将采撷理想化的大学师生及其教学状态对照当前存在问题，以便深入分析问题产生原因并提出针对性的解决策略。

---

① 2016 年 8 月 25 日，教育部在《关于深化高校教师考核评价制度改革的指导意见》（教师［2016］7 号）中提出，"确立教学学术理念，鼓励教师开展教学研究与改革……"，这是我国官方文件首次使用"教学学术"指称大学教学。

② 详见王嘉兴《青年长江学者与她"404"的论文》，《中国青年报》2018 年 10 月 24 日。

③ 叶雨婷等：《高校进入"严出"时代》，《中国青年报》2018 年 11 月 19 日。

第一节　研究问题

针对"教授不教"、大学生"混日子"等不良现象，本书拟从世界和我国大学发展历史进程的角度考察大学教学各要素的实质及其相互关系，深入解剖"教"与"学"的微观机制，并将教学置于大学组织的广泛背景中进行整体性研究，以期找到诊治问题的有效机制和举措。

具体说来，本研究将从大学师生及其教学、大学教师何以"教得好"、大学生何以"学得好"和大学教学何以"治得好"四个部分展开理论分析和实证研究。

在"大学师生及其教学"部分，本书从应然理想状态和实然现实问题两个方面分别讨论如下五个问题：①大学教师的使命和职责是什么；对于大学教师而言，研究和教学是什么关系；②大学生的身心发展及其成长主题；③课程教学对于大学教师和学生究竟意味着什么；④课堂在师生教学活动中的作用是什么；⑤何为教学质量，教学质量从何而来。

在"大学教师何以'教得好'"部分，本书将呈现二三十位大学良师真实鲜活的教学实践及其真知灼见。在"深描"真实案例的基础上，本研究试图建构出大学教师"教得好"的理想化典型，并揭示卓越教学的内在生成机制。具体内容包括：①良师的学生观和教学指向；②良师的课内之"教"；③良师的课外之"教"；④良师如何评价学生；⑤良师如何实现"教得好"；⑥大学良师课堂教学的学术性和艺术性；⑦大学良师的身份认同与职业自觉。

在"大学生何以'学得好'"部分，本书通过目的性抽样选择不同时代不同背景的 5 个典型个案，以揭示科学研究、书籍阅读、个人成就动机、专业学习等对青年大学生成长的影响。这 5 个典型个案分别是：① 19 世纪三四十年代先后在中国西南联合大学和美国芝加哥大学学习和研究、1957 年获得诺贝尔奖的华裔科学家杨振宁；② 1979 级西南政法大学（时为西南政法学院）本科生，现为清华大学著名法学研究者的江山教授；③ 1980 级北京大学本科生，现为新东方教育集团创始人和英语教学与管理专家的俞敏洪；④ 2003 级国内某顶级大学建筑设计专业本科生，后赴美国攻读硕士学位，现在美国从事建筑设计工作的乔①；⑤ 2015 级香港大学文学院本科生丹②。当然，本书也希望通过 5 个典型个案真实鲜活的大学学习和成长故事来揭示大学生"学得好"的某些共同规律。

在"大学教学何以'治得好'"部分，本书从大学组织系统的角度审视教学管理问题。除了理论分析，作者还介绍了复旦大学、清华大学南京大学、云南大学等国内高校教学和师资管理的有关思路和经验。具体内容包括：①大学的使命和教学的当然学术地位；②研究性教学与学生科学精神培养；③学科

---

① "乔"为作者应研究对象要求而采用的化名。

② "丹"为本书作者的女儿，应本人要求未使用真实姓名。

规范和学术标准；④大学教师评价制度；⑤教学共同体与教师专业成长；⑥如何促进大学生更好地成长。

第二节　理论基础和研究方法

一、理论基础

本书的主要理论基础为具有欧陆传统和中国特色的教学论，即如何通过内容的学习促进学生形成完整人格。①

在研究教育教学（包括大学教学）问题的路径方面，德国和苏俄有着不同于英美的一个重要特点，那就是注重教育的教养使命并对教师的教、学生的学与学科内容进行整体研究，这种研究的集中体现即为欧陆教育研究中独有的教学论。② 比如，德国教育家赫尔巴特曾说过，"我想不到有任何'无教学的教育'。正如在相反方面，我不承认有任何'无教育的教学'"③。由于该研究视角有助于深入分析教学与人才培养的关系，欧美国家在最近十来年逐渐将该视角引介到其原有的教学法研究之中。

① 这是欧陆和苏联教学论研究的核心问题。详见王飞、丁邦平《苏联教学论与美国课程论：在中国的误读和误解》，《比较教育研究》2013 年第 1 期。

② 丁邦平：《"教学论"与"教学法"的关系辨析——跨文化比较教学论的视角》（下），《教育学报》2015 年第 5 期。

③ 转引自孙培青等编《教育名言集》，上海教育出版社 1986 年版，第 61 页。

欧陆教学论在 20 世纪 50 年代至 90 年代期间曾被我国教育学界广泛采用。瞿葆奎等学者曾于 1993 年指出，教学论（和课程论）所分析的是教育领域独有的实际问题，它综合运用各门学科，解决教学的实际行动问题，其所做的主要是运用研究。①

遵循教学论的分析思路，本书以大学教师、大学生、高深知识作为大学教学活动的核心三角，在剖析大学教师和大学生两个要素的基础上，重点解析教师如何传授高深知识及其研究方法，以及大学生如何习得高深知识并形成教养两大方面的问题。

在讨论大学教师和大学生在教学活动中的相互关系方面，本书采用的是我国已故的著名教育学学者王策三关于"教师主导作用和学生主体地位"②的理论，该理论自 20 世纪 80 年代起即被纳入全国师范院校通用的《教育学》和《教学论》等教材，对我国的教育理论和教育实践有着广泛而深远的影响。

针对"教授不教"等现实问题，本书在分析和讨论大学教师的社会角色、职业追求、身份认同以及师生关系等问题时，采用了强调现实生活意义的新目的论伦理学的视角。该视角的伦理学不同于"追求劝导性的伦理学"，其研究旨在发现关于幸福

① 瞿葆奎、唐滢：《教育科学分类：问题与框架——〈教育科学分支学科丛书〉代序》，见吴康宁《教育社会学》，人民教育出版社 1998 年版，第 18—20 页。

② 王策三：《教学论稿》，人民教育出版社 1985 年版，第 378—390 页。

生活的真理①，赵汀阳亦将其称为"大模样伦理学"②。这种"追求真理性的伦理学"对于本研究所涉及的大学良师"教得好"的故事有着非常好的解释力度。

在研究分析大学生身心发展特点及其成长主题方面，本书采用的是奥尔波特等心理学家关于个人成长的理论，以及教育心理学的有关视角。这些心理学的有关视角可以较好地解释本书所选择的杨振宁、江山、俞敏洪、乔和丹 5 个典型个案的大学阶段的成长经历。

在分析科学研究活动、专业教育、教学管理等问题时，本书采用了高等教育学、知识社会学、管理学的有关理论视角。

二、研究的思路和方法

本书对于"大学教学的逻辑及其治理"的理解和解释遵循如下思路：在采撷众多高等教育研究者前期研究和多位一线教师关于大学教育教学的真知灼见的基础上，按照理论到实践、抽象到具体、微观到中观的次第展开分析，力图立体鲜活地呈现大学教学的理想样态，此种逻辑思辨方法在总体上借用的是马克思·韦伯关于理想类型的研究思路。

考虑到如若只是从理论上建构大学教学的理想类型不一

---

① 赵汀阳：《论可能生活——一种关于幸福和公正的理论》，中国人民大学出版社 2004 年版，第 26 页。

② 赵汀阳：《论可能生活——一种关于幸福和公正的理论》，中国人民大学出版社 2004 年版，第 297 页。

定有助于切实改进实践，本书将云南大学、北京大学、复旦大学二三十位教师的教学教育实践作为典型案例展开分析和研究。因此，本书所采用的主要是质性研究方法（也称质的研究方法），即"研究者深入社会现象，通过亲身体验了解研究对象的存在方式和意义解释，在原始资料的基础之上建立相关理论"的质的研究方法。①

为解释大学良师何以"教得好"，本书采用实物分析、深度访谈、课堂观察等方法获取二三十位大学良师的教学生活片段和教学故事，生动鲜活地呈现他们设计教学目标、选择教学内容、课堂讲授与提问，以及设计、评阅和反馈学生作业和师生交往等环节和细节。在此基础上，研究借助伦理学及教学论的有关视角解析他们的教育教学见地和教学经验，从中探寻大学教师"教得好"的内在生成机制。

为解释大学生何以"学得好"，本书采用实物分析、深度访谈、参与式观察等质性研究方法解读杨振宁、江山、俞敏洪、乔和丹5个典型人物的大学生活，以揭示科学研究、阅读、个人发展动机、专业学习、大学生活体验等大学教育因素对于他们成长成才的影响。

在分析大学教学何以"治得好"方面，本书采用了案例研究方法，在探讨了大学的育人使命、学术规范、大学教师评

---

① 陈向明：《质的研究方法与社会科学研究》，教育科学出版社2000年版，封底。

价、教师专业成长等大学教学治理问题的同时，介绍了复旦大学、清华大学、南京大学、云南大学等国内高校有关领导的治理思路和教学管理经验。

第三节　研究的意义和价值

本书对于解决当前我国大学教学存在问题有着现实意义；本书的研究思路和研究方法对于国内外相关领域的研究有着理论价值。

一、现实意义

诚如"教学学术"概念提出者博耶所言，如果大学教学得不到合理地位，受害的不仅仅是本科生，最终受损的还是国家乃至人类社会。本书在系统梳理大学教学逻辑的基础上廓清大学教学的本质，并系统研究大学教学治理的相关问题，这对于解决大学教学现实难题有着重要现实意义。

本书从身份认同和伦理学的角度考察数十位大学良师的教学态度和教学行为，相信良师教学经验和学者情怀会对更多一线教师有所启发，相信卓越教学的内在生成机制对于解决"教授不教"等现实问题也有所裨益。

本书采用质性研究方法解读杨振宁、江山、俞敏洪、乔和丹 5 个时代不同类型的大学生的大学生活及其成长，相信他们的成长故事对于当前乃至今后的大学生都将有所启发和激励。

当然，由于大学系统的复杂性，不同类型大学的教学定位有所不同，其治理的机制必定有异，本书针对的主要是中国高等教育系统的顶层部分，即所谓研究型大学抑或"双一流"建设高校、"一本"院校或"综合性大学"。

二、理论价值

截至目前，国内外关于大学教学的理论探讨，不管是从"教学学术""教学学问"还是"卓越教学"切入的研究，其所关注的主要是教学活动的微观领域，例如，教学产出能否如科研产出一般获得学术共同体认可，[1] 教学何以需要成为学问，[2] 教学反思与卓越教学[3] 等。既有研究虽然都提及大学育人目标、教学质量评价等中观和宏观问题，但多半只言带过，未曾详述。同样的，关于大学教学管理的研究，较多研究聚焦于批评大学教师职称评审制度和教学管理行政化倾向，虽切中了大学教学治理的核心问题，但是，由于对于大学组织和大学教师身份缺乏整体研究，其所提出的对策建议难免失之片面而且难以付诸操作。

本书将在继承和借鉴前人研究的基础上，在以下理论和

---

① 参照发现学术的共同体评价制度构建教学评价体系是李·舒尔曼（Lee S.Shulman）关于"教与学学术"研究的一个重要取向。

② 阎光才：《大学教学成为学问的可能及其现实局限》，《北京大学教育评论》2017 年第 4 期。

③ 林小英、宋鑫：《促进大学教师的"卓越教学"：从行为主义走向反思性认可》，《北京大学教育评论》2014 年第 2 期。

方法上有所突破。

第一，本研究既对接国际国内 SOTL 研究前沿，同时，本研究也将澄清人们对于"教学学术"的误解，以免除其不利影响。

"教学学术"是应大学教学正名所需而产生的概念，但是，在博耶将学术区分为发现的学术、综合的学术、运用的学术、教学的学术后的 30 来年里，教学的地位并未得到匡复。相反，教学学术运动还在客观上支持了套用科研评价体系考量教学的倾向，这种倾向背离了教学的实践性特征，并无益于教学质量的切实改进。因此，本书基于实践中的典型案例深入揭示了研究和教学乃高深学问之一体两面的实质，有助于改变将研究与教学割裂开来的二元思路，也有助于改变厚此薄彼的教师工作评价制度。

第二，本书将是 2000 年以来首部系统研究大学教学及其管理的微观和中观问题的专著。

我国高等教育研究者和实践者曾于 20 世纪 80 年代和 90 年代出版过一些大学教学和大学教学管理方面的专著。① 进入 21 世纪以来，我国高等教育系统与二三十年前已不可同日而言，重新系统研究当前大学教学及其治理的微观和中观

———————

① 　如刘花元、刘智运、娄延常《大学教学管理引论》，武汉大学出版社 1989 年版；潘懋元《高等学校教学原理与方法》，人民教育出版社 1995 年版；李成良、顾美玲《大学教学理论与方法》，贵州教育出版社 1995 年版。

问题势在必行。但是，最近十来年，关于大学教学及其管理的著述主题涉及伦理问题①、研究综述②和制度分析③等，尚无结合我国当前的大学发展环境和实际情况展开的系统研究。

第三，本书的研究方法是对具有欧陆传统和中国特色教学论的继承和拓展。

在近代以来的教育科学发展进程中，夸美纽斯等教育家一直致力于"寻找一种教学的方法，使得教员因此可以少教，但是学生可以多学"④。20 世纪 50 年代以来，我国学者王策三等以古今中外丰富广泛的教育实践经验和教学论思想为基础，积极探索教学现象背后的深层次规律，这种兼重理论和实践的研究取向是我国教学论研究的优良传统。本书应用"教师主导作用和学生主体地位"的理论视角分析大学教学问题，同时，本书采用新目的论伦理学解释这种应然角色如何成为实然，这是对"教师主导作用和学生主体地位"理论的深化和拓展。

---

① 张东：《德性与理性：中国大学管理伦理诉求研究》，中国社会科学出版社 2018 年版。

② 赵树果：《高校本科教育教学管理研究与进展》，武汉大学出版社 2015 年版。

③ 郭冬生：《大学本科教学管理制度论》，高等教育出版社 2005 年版。

④ ［捷克］夸美纽斯：《大教学论》，人民教育出版社 1957 年版，第 1 页。转引自王策三《教学论稿》，人民教育出版社 1985 年版，第 56 页。

　　第四，本书采用质性研究和案例研究法"深描"和剖析大学教学现象及其问题，既能支持和丰富教育教学理论的阐释力量，也能够避免教育学理论术语对于读者的困扰，有利于研究发现的推广和实际应用。

第 一 章

大学师生及其教学：理想与现实

　　20 世纪 90 年代以来，我国的大学发生了两大变化，一是从教学型向研究型转变，二是办学规模急剧扩大。这两大变化强烈地冲击和影响着大学师生及其教学。

　　20 世纪 90 年代以来，随着国家科技体制和教育体制改革的深入推进，大学的研究职能日益受到重视。大学和大学教师被正式纳入国家科研体系予以管理，211 工程、985 工程等高等教育重点支持政策均对大学提出明确的科研目标。比如，1991 年 4 月 9 日通过的《国民经济十年规划和第八个五年计划纲要》提出，"（大学要）建设重点学科，使其在科学技术水平上达到或者接近发达国家同类学科的水平"①。此后，大学纷纷卷入"科研竞技"之中，甚至一些 2000 年后新建的本科院校也出现"科研群芳斗艳，硕果累累，教研少人问津，冷落萧

---

① 《中华人民共和国国民经济十年规划和第八个五年计划纲要》，1991 年 4 月 9 日，见 http://www.110.com/fagui/law_6294.html。

条的'长短脚'"现象。① 重科研轻教学的情势之下，科学研究成果成为评价大学教师最重要的指标，一名大学教师如果科研指标不出众，即使教学精彩绝伦，倍受学生追捧，依然很难晋升职称。② 由是，一段时期以来的我国大学里，教师"重科研轻教学"成为普遍现象，教学的地位日渐式微。

1999—2002 年，国家启动持续三年的急剧扩招，全国高等教育平均毛入学率从 9% 提高到 15%，至此，我国主要省（区 / 市）进入高等教育大众化阶段。此后，高等教育毛入学率继续升高，截至 2017 年，已达到 45.7%。③ 高等教育的大众化和普及化使得在校大学生人数成倍增长，学生群体的异质化程度明显增高，一些学术旨趣并不浓厚的学生亦进入了大学。周湘林和李爱民 2012 年所做的一项调查显示，有的大学生之所以去上课，其原因是"（自己）待在宿舍无聊"④。在

----

① 　王增鑫：《新建本科院校要处理好教研与科研的关系》，《重庆工学院学报》（社会科学版）2007 年第 10 期。

② 　2006 年 3 月，上海交通大学众多学生在校园 BBS 上追忆他们的老师宴才宏。宴才宏生前把主要精力都花在教学上，是学生心中的优秀教师，但是，直到去世时，宴才宏的职称仅为讲师。《几人能学宴才宏》，2006 年 12 月 26 日，见 http://blog.sina.com.cn/s/blog_4aea09c60100072q.html。

③ 　《2017 年全国教育事业发展统计公报》，2018 年 7 月 19 日，见 http://www.moe.gov.cn/jyb_sjzl/sjzl_fztjgb/201807/t20180719_343508.html。

④ 　周湘林、李爱民：《如何面对低效的课堂：学生如是说》，《高等教育研究》2012 年第 10 期。

《光明日报》2013 年开展的一项调查中，不少大学生说自己过着"悠闲，甚至闲到发慌"的生活。① 还有，应学生规模扩张和繁重教学任务的需要，大学教师队伍亦随之迅速扩充并渐趋年轻化。很多刚刚毕业的博士或硕士没有经过必要的教师职业培养就开始了他们的教学生涯，以致大学教师不善于教学成为普遍现象。

强势来袭的科研转向和急剧扩张的学生规模改变了我国高等教育结构，也在很大程度上改变着师生的角色定位，这些改变深刻地影响着大学教学。

因此，重新认识大学教师、大学生、大学课程、课堂教学等教学要素之本源非常必要而且紧迫。否则，我们就难以提升教学质量，也难以破除不少人对于大学教学乃至大学核心使命之误解。

第一节　大学教师，为"让学"而"教"的学者

由高等教育的高深性所决定，非学者不能成为真正的大学教师。但是，由于教师职业的专业性，学者也绝非当然的好老师。应然来看，只有能够履行教书育人职责的学者才是名副

① 姚晓丹：《大学课堂，缘何吸引力不够?》，《光明日报》2013 年 11 月 13 日。

其实的大学教师。

一、大学教师应是研究高深学问和追求真理的学者

古往今来，只有学者才能担纲大学教师之责。学者之所以能够任教于大学这样的高等教育机构，也是因为他们拥有高深学问。

对于高深学问和高等教育的关系，19世纪英国哲学家马克·帕蒂森这样分析到，在跨越基础教学阶段之后，我们便进入了高深学问的领域，比如自然科学中的实验与发现，道德科学中的思辨等等，这些是高等教育的关键组成部分。基础知识中的基本元素、规则是通向高深知识的道路，但如果一个人要踏上探索高深知识的道路，他必须超越规则。人一旦结束基础性教育、进入高等教育的领地，"你就进入了一个薄雾弥漫、模糊不清的地域，在这里，基础的知识已经被超越，所有的一切都是朦胧的，无法定义的。一切都是猜测，而且这些猜测只能为那些从未涉足此地的人所思考"①。马克·帕蒂森所言既指出了高等教育合法存在的知识基础——高深学问，也指出了学者工作的探索性特征。

无论是从事自然科学研究还是考察社会问题，学者研究高深学问的宗旨均在于探索真理。作为宇宙万类中"会思考的苇草"，人是唯一能够用理性去把握非自我的对象世界和作为

---

① 钦文：《"普通知识"与"高深知识"》，《北京大学教育评论》2007年第2期。

对象世界的自我的物种，这种理性认知能力使人类区别于非人类。正是这些通过理性认知得来的真理推动着人类社会不断摆脱蒙昧走向文明，而学者正是"具有对社会发展一般进程的洞识的人，是燃心为炬照亮历史前进道路的人"。因而，学者应当是最具有理性精神的人，他们追求认知旨趣，他们通过"批判审定概念、抉发逻辑矛盾、考辨事实真伪"更好地透视世界和自我，从而增益人类的事实真理和价值真理。①

由于真理的无穷性，追求真理是贯穿人类文明发展历程的永恒事业，是一代又一代学者的共同志业。真正的学者在对待当前所接受或发现的任何真理的态度上，都包含着试图和准备作出修正的因素。② 一方面，他们敢于质疑惯常习见，质疑权威，质疑自己，从不疑之处发现谬误；另一方面，他们"大胆假设，小心求证"，能够以学术界普遍认可的学术规范逻辑严谨地证实或证伪他人或自己的见地，从而使自己的判断言之有理，持之以据。

① 许苏民认为，学者所从事的学术工作是为了揭示事实及事实与人的关系的客观真理，即事实真理和价值真理；学术工作包括知识的探索、学问的追求、智慧的洞观，以及体现这些研究中的思想方法论的有机统一，是故，他将"概念的批判审定、逻辑矛盾的抉发、事实真伪的考辨"称为"学者三昧"。详见许苏民《也谈学术、学术经典、学问与思想——对梁启超、严复、王国维观点的质疑兼评"现代学术经典之争"》，《开放时代》1999 年第 4 期。

② [美] 爱德华·希尔斯：《教师的道与德》，徐弢等译，北京大学出版社 2010 年版，第 2 页。

同样地，真正的学者他们总是谦逊地对待自己的学说和发现。因为，他们热爱真理胜于自己的知识体系，愿意随时接受新的知识，并以此来修正或者取代已有的结论。①

其实，学者研究高深学问和探索真理是一种内在化的高强度脑力劳动。很多时候，科学研究是长期而艰难的苦思冥想，甚至作茧自缚，而最终结果或许是豁然贯通，或许是百思而不得其解。因此，只有真正以学术为志业的人才能够忍受并享受这一"人类最持久、最愉快、最无待外求的最高活动"②。

可见，学者之所以能够担纲研究高深学问和探索真理的神圣职责，不但基于他们拥有高深学问和高度的理性思维能力，更基于他们具备追求真理应有的高尚情操。"在理性背后有对正义的激情，在科学背后有对真理的渴求，在批评背后有对更好的事物的憧憬"③——如若不是真诚地向往和追求真善美，人类历史上就不会出现苏格拉底、柏拉图、老子、孔子、释迦牟尼等道德高尚学问渊深的先哲。

---

① 转引自陈洪捷《德国古典大学观及其对中国的影响》，北京大学出版社 2003 年版，第 23 页。

② 朱光潜：《看戏与演戏——两种人生理想》，《大美人生　朱光潜随笔》，北京大学出版社 2008 年版，第 214 页。

③ 转引自熊华军《中世纪大学教学价值的取向：在理性中寻求信仰》，《江苏高教》2007 年第 6 期。

二、大学教师还应"让（学生）学"高深知识

作为高等教育组织的大学，既是研究高深学问的机关，也是师生授受的教育机构，这意味着大学"必择其以终身研究学问者为师"①。相应地，大学教师既要自己研究高深学问，也要"教"学生去研究高深学问。

对于何为师者之"教"，德国哲学家海德格尔有着精准的表述："教所要求的是让学"②，此语道出了"教"的使动性——教师让学生去学习。同样地，我国教育家陶行知也有类似的阐述，他说，"好的先生不是教书，不是教学生，乃是教学生学。"③

"让学"和"教学生学"均指陈出学生在学习中的主体地位，也指出了"教"之难。"教"之难在于"教"不是教师拿某种知识、能力或观念给学生，而是要"让"学生自己去"学"甚至"学会"。然而，任何学习从根本上来说都是学生自己的独立主体活动，教师不可能把知识、能力或观念灌入学生头脑，也宰制不了学生的意志。不能包办代替学生却要让学生学，"教"与"学"的悖论关系考验着师者的"让学"能力。

---

① 蔡元培：《读周春岳君〈大学改制之商榷〉》，转引自陈洪捷《德国古典大学观及其对中国的影响》，北京大学出版社 2003 年版，第155 页。
② 1976 年，德国哲学家海德格尔指出，"教所要求的是让学"。转引自李茵、黄蕴智《"教比学更难"》，《北京大学教育评论》2015 年第2 期。
③ 陶行知：《中国教育改造》，东方出版社 1996 年版，第 15 页。

　　高深学问的教学尤其需要教师高超的"让学"能力，曾经受选担任柏林大学校长的德国哲学家费希特认为，大学教师不但自己要具备科学运用理性的艺术，而且要具有"培养运用理性的人的艺术"，其所谓"培养运用理性的人的艺术"即教师对于教学的激情和感染学生的能力。①

　　如果说，以内在化的冷静思考为主要特征的科学探索活动服从于"静观理性"，那么，大学教师对于学生的"让学"更多地基于"行动理性"②。因为，教学活动具有对象性、情境性和过程性等特点。为了实现"让学"，大学教师得让学生经由亲近自己而亲近高深学问，从而主动去学习高深学问；或者，教师得自己主动去亲近学生从而把高深学问带到学生的世界里，以便让学生自己去学习高深学问。无论采取什么方式，师者均应主动建构自己与学生的亲近关系并点燃学生的求知渴望，所谓亲其师信其道指的正是这个道理。总而言之，"让学"是教师主动互碰学生的使动行为，其结果是学生受益。或者说，成功的"让学"以教师对学生的某种给予性付出为前提条件，否则，"让学"就不可能实现。

　　大学教师的"让学"是具有相当认知难度和德性高度的

①　陈洪捷：《德国古典大学观及其对中国的影响》，北京大学出版社2003年版，第58—59页。

②　参照亚里士多德对悠闲生活方式和劳作生活方式的区分。详见陈洪捷《德国古典大学观及其对中国的影响》，北京大学出版社2003年版，第79页。

工作。"让学"之难在于它要求从业者具备高深学问及其传授艺术，"让学"的德性高度则在于其利他性——教师是肩负着学生教育乃至终身福祉的职业。

正是基于教师职业的难度和高贵，联合国教科文组织于1966 年在法国巴黎召开的"教师地位之政府间特别会"采纳了"教师应当视为专业"的建议。① 当前，世界各国政府大都已把包括大学教师在内的教师职业纳入医生、法官等专业性职业进行培养和管理，并对从教者的职业道德、专业知识、专业技能制定明确标准，以保证教育公共服务的质量。

三、"我们就是哥伦比亚大学"：大学教师职业的自主和自律

基于自身所拥有的专门化高深知识，大学教师成为拥有高度的自主权的职业。因为，较之基础知识和普通规则，专门化高深知识仅被本学科的同行或者学术同仁所掌握，其是非和价值在很大程度上非外部人员可以轻易作出评判。

中外高等教育史上的一些典型案例形象地揭示了大学教师职业的高度自主性。例如，

　　德怀特·艾森豪威尔在开始其哥伦比亚大学校长短暂任职时，召集面见了一群教授。他明确地表达了这样一种意思：他非常高兴会见哥伦比亚大学的"雇员"

---

① 于淑云：《现代教师专业成长之理念》，《深圳教育学院学报》1999 年第 1 期。

(employees)。这种不合时宜的问候先是引起了一阵沉默，然后，精彩故事开始了——一位资深教授站起身来打破了沉默："尊敬的先生，我们不是哥伦比亚大学的'雇员'，我们就是哥伦比亚大学！"①

教授认为"我们就是哥伦比亚大学"这个故事后来演化为"大学教师就是大学"这一表征职业自主性的简略话语，并被高等教育研究者和实践者广为引用。

同样地，我国著名哲学家、佛学家、教育家、国学大师汤用彤的故事也非常传神地体现了大学教师职业的高度自主性：

> 20 世纪 40 年代的时候，当时的中华民国教育部拟为汤用彤《汉魏两晋南北朝佛教史》一书颁奖。汤曰，多少年来都是我给学生打分数，我的书要谁来评奖！②

当然，职业的自主性与自律性为一体两面——高度的职业自律是大学教师潜心研究和悉心育人的内在动力，也是其学术工作质量的根本保障。大学良师无不有着高度的职业自律。

---

① Wesley shumar, 1997。转引自陈伟《西方大学教师专业化》，北京大学出版社 2008 年版，第 1 页。

② 转引自张洪耘主编《宣纸上的北大精神》，北京大学出版社 2016 年版，第 72 页。

例如，1936年，已经教了20年书、担任清华大学中文系主任的朱自清在某一天的日记中这样写道：

> 半夜惊醒，梦见学生追着我，我躲进大钟寺的厕所。出来时被学生抓住，学生说，你不读书，没学问，还不赶快回家。我说，我承认，我承认，最近备课不够认真，学业上没进步。只要你们放了我，明天就卷铺盖走人。①

这则日记真是令人感慨，它鲜活地呈现了朱自清对教学的认真，自我要求的严格。可以说，假如没有这种职业自觉，他又何以成为我国的著名散文家、学者、诗人和语文教育家呢？

对于大学教师职业的自主性，历史学家坎特罗威茨曾这样进行说明，"有三种职业是有资格穿长袍以表示其身份的，这就是法官、牧师和学者。这三种长袍象征着穿戴者思想的成熟和独立的判断力，并表示直接对良心和上帝负责。它表明三种相关职业在精神上的自主权：他们不允许自己在威胁下行事并屈服于压力"②。

以上例证和论证说明了同一个道理，即基于自身所拥有的高深知识，大学教师应当享有对于学术事务的独立判断能力，这正是普世公认的大学组织的重要原则——学术自由。

---

① 转引自陈平原《大学何为》，北京大学出版社2009年版，第368页。
② 转引自陈伟《西方大学教师专业化》，北京大学出版社2008年版，第2页。

四、我国现今一些大学教师"让学"的动力和能力

通过"教"而"让"学生学习高深学问及其研究方法，这是大学教师职业之本分。然而，一段时间以来的我国大学里，执掌教席者"让学"的动力和能力令人担忧。

（一）"教授不教"屡禁不止

史静寰等学者对我国大学教师工作状况的研究揭示，从高职院校到研究型大学，教师投入教学的时间随院校层次递增而递减；而且，教师职称越高，投入教学的时间越少。[1] 在《中国青年报》2010 年所做调查中，有学生反映：

> 一些教授常常缺课，外出参加各类研讨会，担任各种专家；一些"名师"在上了两周课之后宣布以后主要由他的博士生代上。[2]

2018 年 10 月 24 日，《中国青年报》报道了某青年长江学者不但长期怠慢教学，而且公然向学生宣称："我已经评上教授了，学校说必须每年上三门课我才来给你们上课的。"[3]

---

[1]　史静寰、许甜等：《我国高校教师教学学术现状研究——基于 44 所高校的调查分析》，《高等教育研究》2011 年第 12 期。

[2]　何瑫：《部分大学课堂师生心照不宣一起混》，《中国青年报》2010 年11 月 6 日。

[3]　王嘉兴：《青年长江学者与她"404"的论文》，《中国青年报》2018 年 10 月 24 日。

其实，"教授不教"之现象泛滥已久，我国政府自 2001 年起即三令五申教授必须为本科生上课。[1] 遗憾的是，该怪象依然屡禁不止。

(二) 一些教师课堂教学能力不足

《中国青年报》2010 年所做调查揭示了这样的大学课堂教学情形：

> 江苏某高校新闻学院大二课程"广告策划学"，每次上课时，老师会讲一些他觉得最近比较好玩儿的事情，然后挑选几个人上台作课堂报告。课堂报告结束时，距离下课通常还有一个多小时的时间。这时，他会说，"大家上课上累了，我们看一部动画片调整一下吧。"[2]

据了解，这位老师的专业方向是动画研究，他其实并不太了解广告策划。

周湘林和李爱民两位研究者在 2012 年访谈学生时了解到这样一些大学课堂教学情形：

[1] 比如，教育部先后下发《关于加强高等学校本科教学工作提高教学质量的若干意见》(教高 [2001] 4 号)、《关于进一步加强高等学校本科教学工作的若干意见》(教高 [2005] 1 号)、《教育部关于全面提高高等教育质量的若干意见》(教高〔2012〕4 号) 等文件，对教授为本科生上课提出具体要求。

[2] 何瑢:《部分大学课堂师生心照不宣一起混》,《中国青年报》2010 年 11 月 6 日。

（有些老师上课）太过于讲解专业知识，以至于整堂课都在读 PPT，都在读课件……这样的课堂不是学不到东西，而是找不到听课的感觉。

（有些老师讲课）完全脱离课本，仅仅是对一些时事发表比较尖锐的意见，有些学生可能会喜欢听这些尖锐的意见，但其实对于过激的言论，学生也是有判断的，如果整节课都在说这个，学生也会比较反感。整个知识体系都没有，这就脱离了上课的层次。①

课堂是教师对学生实施"让学"最重要的时空，理应成为效率最高的教学环节，上述大学课堂教学情形显然是低效的，甚至会产生教育负效应。

（三）有的课程作业少，教师随意评定学生学业成绩

在研究者和媒体所做调查中，有学生反映：

没有作业，课后不知该怎么做。②

有的课程作业少，给分高，甚至不考试，不点名，只用在课程结束时交一篇论文或者观后感即可。③

---

① 周湘林、李爱民：《如何面对低效的课堂：学生如是说》，《高等教育研究》2012 年第 10 期。

② 周湘林、李爱民：《如何面对低效的课堂：学生如是说》，《高等教育研究》2012 年第 10 期。

③ 何瑶：《部分大学课堂师生心照不宣一起混》，《中国青年报》2010 年11 月 6 日。

......

面对这些教学乱象，不少大学生发出好老师不常有的感叹。[①]

为什么"教授不教"的现象屡禁不止？为什么一些大学教师不认真对待教学？

如何才能提高大学教师"让学"的动力和能力？

这是当前我国高等教育研究者和管理者，以及所有一线大学教师面临的现实问题。

第二节 大学生，即将独立的学习者和探索者

关于大学生及其学习，中外教育家有着不少理想化的论述。比如，柏林大学缔造者威廉·洪堡认为，大学生本身也是研究者，大学生与教师同是"为科学而共处"，教师不过是引导、帮助学生进行研究。[②] 深受德国大学精神影响的我国教育家蔡元培也持有相似的观点，他在担任北京大学校长期间谈到，"（希望大学生）于研究学问以外，别无何等之目的"[③]。在

① 《中国青年报》2010 年所做调查中，89.1% 的学生感叹当今好老师不常有。详见何瑶《部分大学课堂师生心照不宣一起混》，《中国青年报》2010 年 11 月 6 日。

② 转引自陈洪捷《德国古典大学观及其对中国的影响》，北京大学出版社 2003 年版，第 39—44 页。

③ 蔡元培：《读周春岳君〈大学改制之商榷〉》，转引自陈洪捷《德国古典大学观及其对中国的影响》，北京大学出版社 2003 年版，第 155 页。

高等教育接近普及化水平的当下中国，大学生及其学习与先哲所述自有其变与不变之处。

一、大学生是即将独立的"准成年人"

大学生多为 17、18 岁至 22、23 岁的青年，处于青年晚期的他们在完成基础教育后跨入高等教育阶段，开始了其踏入社会之前的准备阶段。

从法律意义上来看，大学生已是具备完全行为能力的成年人，然而，他们尚不具备独立谋生的本领，经济上还处于依赖状态。

而且，由于尚未形成稳定的人生观、价值观和世界观，他们的思想和情感处于模糊而多变的状态。对于自己，他们时而自信，时而自卑；对于未来，他们时而满怀信心，时而又充满忧虑。

在云南大学一项针对 2018 级大一学生的调查中，学生认为自己的大学生活存在着这样一些困难：

学生 A：没有家长、老师的管制，容易在该学习的时候贪玩。

学生 B：大学太过于自由，生活费自由、手机使用自由、就寝自由，在经历了 6 年的压迫生活突然迎来的自由让人有些措手不及，控制不住自己，总想着玩，难以静心学习。

学生 C：太多集体活动，公益活动或者学生会的活动。

学生 D：第一次独自一人在外读书，感到孤独。

学生 E：心中有困惑又不知道找谁，纠结很久，告诉别人害怕他们笑话我。

学生 F：交女朋友是件困难的事。

学生 G：不知道如何与男友相处，容易产生矛盾与摩擦。

学生 H：高中时拥有考一所理想大学的愿望，到了大学却失去了目标。

学生 I：找不到存在感，身边同学在某些方面是"大佬"，每当他们展现光芒时，会感觉自卑，感觉自己什么都不会。

学生 J：吾为河南一小生，身经百场学术战争，于高考中披荆斩棘，过五关斩六将，进入大学，高考之经历应养吾坚忍不拔之内心，然则乾坤易变，气象变幻无常，自从进入大学以来，饱受大学奢靡之苦，实则本人心智不见，故开始过于放松学习生活，未养成良好学习生活习惯，竟还不自知，沉浸其中无法自拔。

学生 K：担心将来就业困难，为自己能否找到一份自己称心如意且足以养家的工作感到困难不已。①

---

① 鲁学伟摘编：《大学心声在大学生活中感觉适应困难的事情》。2019 年 1 月 22 日。见 https://h5.qzone.qq.com/ugc/share? ticket=MM%5 F6255752669452415%5F1%5F6841154849716160%5FPB&srctype=6 1&sid=&sharetag=9250504E1D3C8270DE10C0AF4E5CAB2F&isapp installed=0&bp7=&bp2=&bp1=&_wv=1&g_f=2000000103&res_uin= 1241585736&appid=2&cellid=1548138484&no_topbar=1&subid=&g_ ut=3&from=mp.

谁的青春不迷茫?——这些心声反映的是古往今来每一个青年成长所必经之"成长的烦恼"。比如,朱自清先生在《匆匆》一文中这样思考:

> 我赤裸裸来到这世界,转眼间也将赤裸裸的回去罢?但不能平的,为什么要偏偏走这一遭啊?①

这篇写于 1922 年的散文表达了 24 岁的朱自清对于自我和人生的苦恼和追问。

漫漫人生道路上,青年时期是个体走向成熟的紧要阶段。同时,青年时代也是一个人最容易受外界环境影响的时候。因此,较之那些没能进入大学深造的青年,大学生能够在大学这一探索真理的神圣殿堂里为自己进入社会而进行准备真是何其幸运!

二、专业学习与大学生的谋生准备

位于全日制学校教育体系最后一个阶段的大学既是研究高深学问的机关,也是"高等专门学校"②,肩负着为大学生的就业和未来的社会生活做准备的职责。因此,大学即需要教给

---

① 朱自清:《匆匆》,《朱自清作品新编》,人民文学出版社 2009 年版,第 41 页。

② 曾任柏林大学 1815/1816 学年校长的施莱尔马赫所言。转引自陈洪捷《德国古典大学观及其对中国的影响》,北京大学出版社 2003 年版,第 47 页。

学生"学会生存"的本领。

中世纪的大学起初即以培养大学教师为主要任务，此时的大学在一定意义上实现着生产学术职业群体的功能。后来，为适应那些不准备任教的学生的需要，大学里增加了法学、医学等许多学位，这些学位成为学生的开业资格证明或者谋职的学业证明。①

近代以来，伴随着工业革命以来社会化大生产对于科学技术的依赖，经济发展由主要依靠土地、资金等物力增长转向更多地依靠劳动者的素质和技能，接受相关教育成为个体谋求某种社会职业的先决条件。此时，人类的知识因不断分化而又不断融合而形成繁芜庞杂的知识谱系，大学也日渐成为知识分类细密繁杂的专业组织，② 成为生产专门化社会劳动力最主要的机构。例如，18、19 世纪的德国大学一度以培养具备各种实用知识的官吏作为主要任务，大学被称为"培养国家臣仆的学校"③。

高等教育对于社会劳动力的生产功能在 19 世纪中后期的美国高等教育实践中得到极大的凸显。1862 年，美国国会通

---

① 王天一、夏之莲、朱美玉编著：《外国教育史》（上册），北京师范大学出版社 1993 年版，第 93 页。

② 赵文华：《论作为一种专业组织的高等教育系统》，《高等教育研究》2000 年第 3 期。

③ 转引自陈洪捷《德国古典大学观及其对中国的影响》，北京大学出版社 2003 年版，第 52 页。

过的《莫里尔法案》（Morrill Act）规定联邦政府通过划拨公用土地或土地期票的形式资助每个州至少建立一所从事农业和机械技术教育的学院，这就是著名的赠地学院，赠地学院即以面向工农业实际培养专门人才为主要任务。①

按专业（或学科）开展教育正是大学为学生谋生所做的准备。大学里的专业学习一端对应着人类知识谱系的某一分支或者领域，另一端则对应着分工精细的职业市场的某种或某类行业。学生通过专业学习可以获得某种或某类职业的相关知识和技能，从而有能力参与劳动力市场竞争；学业结束获得的文凭则是学生向劳动力市场雇主发出的信号；从学校到劳动力市场的求职工程中，雇主基于他们所理解的工作需要与所挑选的员工的大学专业之间的匹配程度来筛选应征者，② 这就是专业学习对于大学生谋生的实际功用。

在 20 世纪 50 年代到 80 年代的我国高等教育界，面向工农业实际培养专门人才是当时我国大学最重要的功能。为快速实现工业化，国家按照计划经济的模式培养和使用专门人才：政府根据工业等各行各业的实际岗位甚至是工作流程设置"专业"，大学根据学校分类属性来申请开办某些"专业"，然后按"专业"组织教学；学生入校后直接进入"专业"学习，学习

① 雷新华、李冬梅、连丽霞：《美国赠地学院对我国高等农业教育的启示》，《高等农业教育》2007 年第 9 期。

② 陈霜叶、卢乃桂：《大学知识的组织化形式：大学本科专业及其设置的四个分析维度》，《北京大学教育评论》2006 年第 4 期。

期间一般不予调换"专业"，毕业时获得相应专业的文凭，到对口的岗位就业。这种专才教育模式为当时的经济社会发展提供了专门人才。20世纪90年代，随着市场经济体制的推行，大学生就业逐渐市场化，过度强调专业化的大学教育也因毕业生就业适应面狭窄而饱受诟病。在这种背景下，北京大学、复旦大学等大学开始倡导培养文理、理工相通的交叉型、复合型人才，大学的专业教育逐渐朝着宽口径专业教育和注重通识教育的方向发展。

当前，由于我国经济社会发展对科学技术的高度依赖以及高等教育的大众化和普及化，越来越多的社会职业要求应征的劳动者接受过专门的高等教育训练，大学里的专业学习对于学生的职业准备意义得到进一步的凸显。

当然，不同层级和不同类型的大学对于学生的职业准备有着不同的定位。比如，并非一切形式的职业训练都适合于研究型大学，只有那些依赖于某种基础知识而非主要强调实践技能的职业才适合在研究型大学里进行训练。[1] 或者说，研究型大学的毕业生更应该去从事需要创新和变革的职业，而不是那些例行公事的职业。

三、大学生对于自我和世界的探索

当大学生离开家庭来到大学，将要成熟而尚未成熟的他

---

[1]　[美] 爱德华·希尔斯：《教师的道与德》，徐弢等译，北京大学出版社2010年版，第3页。

们离开了父母的庇护也脱离了师长的管束，开始独自面对自己的各项"人生大事"：他们会认真考虑所学的专业是否是自己所爱，会为就业问题忧虑，会为选择升学还是选择出国而纠结，还会为人际关系、恋爱等问题烦恼，更会因为孤独、没有目标、控制不住自己、"找不到存在感"等问题而苦闷。

或许，家长和老师还会告诉大学生应该怎么做甚至替他们作出一些选择，但是，已经具备一定独立思考能力的他们并不会轻易认同。比如，一名就读注册会计师专业的本科生困惑地跟辅导员说："老师，这个专业是父母让我报考的。但是，我真的不知道我为什么要学它！"①

其实，每一个"成长的烦恼"背后都是青年关于"我是谁？""我应该如何安身立命？"等深层次问题的思考。青春期是规定个体独特性的个体生命"固有元动力"②（propriate stirring）生发的特别关键时期，③ 也是个体从依赖走向独立的"心理断乳期"。在这个阶段，即将走向社会的青年第一次关注到未来，关注到自己的人生长远目标和理想，他们思考着自己的人生，思考着世界，希望能够认识自我、认识世界，从而找

---

① 来自作者 2018 年 9 月 27 日在云南大学经济学院与青年教师的座谈会。

② "固有原动力"的英语原文是 propriate stirring，李文湉将其译为"固有努力"。详见［美］舒尔茨《成长心理学》，李文湉译，生活·读书·新知三联书店 1988 年版，第 37 页。

③ 美国心理学家奥尔波特的观点。参见［美］舒尔茨《成长心理学》，李文湉译，生活·读书·新知三联书店 1988 年版，第 37 页。

到自己的人生方向。

美国心理学家奥尔波特对于健康人格的研究发现，健康个体在理性的和有意识的水平上活动，指引这些活动的力量是完全能够意识到的，并且也是可以控制的。① 至此，我们不难理解为什么蔡元培校长要告诫大学生"于研究学问之外，别无何等之目的"。因为，研究高深学问和探索真理所运用的理性认知能力和科学方法同样适用于青年探索自我和探索世界。

对于有幸进入大学的青年来说，大学这个研究高深学问和探索真理的机构为他们寻找答案提供了得天独厚的时机和环境。在大学自由的环境里，大学生可以将数年的岁月用来思考人生、思考世界，更为重要的是，经由亲近真知和亲近良师，他们有望找到求解答案的方法甚至令自己信服的答案，从而能够相对成熟地走向社会，开启自己的独立人生。

当然，对于"我是谁？""我应该如何安身立命？"等深层次问题的思考尽管开始于个体的青年时期，却贯穿个体生命的始终。只不过，滥觞于青年时代的人生观、价值观和世界观将成为个体生命的底色，无论后来再经历些什么都很难将其彻底改变。

---

① ［美］舒尔茨：《成长心理学》，李文湉译，生活·读书·新知三联书店1988年版，第23页。

四、我国当前一些大学生的学习状况

我国教育家陶行知指出："教学乃是先生教学生学，先生负指导的责任，学生负学习的责任。"[①] 作为"准成年人"的大学生理应担负起研习高深学问的责任，以便为自己的独立生活和未来发展做好准备。然而，如果考察一段时期以来的我国大学，我们不难发现一些大学生的学习状况并不尽如人意。

（一）不读书或不认真读书

熟读精思书本知识乃求学第一要务，然而，学生不读书和不认真读书已然是当前我国大学的普遍现象。宋家宏老师这样说道：

> 以我所讲的"中国现当代文学"课来说，这门课学生必须阅读作品，听课才有效果，在80年代，学生读作品不是一个大问题，阅读书目发下去之后，大多数同学会去找作品来读，但是，近些年来，不读作品已经是大学生们的普遍现象，不仅是我们这样的学校，北大的温儒敏教授也在感叹学生不读作品的事。[②]

（二）"混学分"的情形不鲜见

专心听课，虚心求教乃学生之本分。然而，在当前的我

---

① 陶行知：《中国教育改造》，东方出版社1996年版，第15页。
② 宋家宏：《教学是一门艺术》（五），《云南大学报》2017年6月13日。

国大学里，一些学生沉迷网络游戏、晚睡晚起、逃课、抄袭毕业论文……① 在《中国青年报》2010 年所做调查中：

> 66.7% 的人感觉大学生不认真上课的情况普遍存在。逃课率居高不下，迟到早退现象严重，课堂"上干什么的人都有，唯独听课的不多"。②
>
> 2017 年，《人民日报》等媒体发表的一篇文章里写到这样一些现象，上课的时候，清醒没有发呆的多，发呆没有睡觉的多，睡觉没有玩手机的多；下课的时候，自修没有吃零食多，吃零食没有看连续剧多，看连续剧没有游戏多。考试的时候，不给范围就不会考试，给了范围也只是复印同学准备的答案。③
>
> ……

教学是教师"教"和学生"学"的结合，如若教师"教"得不好，学生也"学"得不够，所谓教学就成为"老师混课

① 叶雨婷等：《高校进入"严出"时代》，《中国青年报》2018 年 11 月 19 日。
② 何瑶：《部分大学课堂师生心照不宣一起混》，《中国青年报》2010 年 11 月 6 日。
③ 《你不失业，天理难容！》原文来自共青团中央（ID：gqtzy2014）、大学生励志网（ID：eLizhi），转引自 2017 年 7 月 9 日。见 https：//www.sohu.com/a/155790453_207712.2017-07-09 23：05。

时，学生混学分"① 的"走过场"，课程结束学生所得成绩也不过是虚假的学习结果罢了。②

如何让大学生认真学习？

国家所期望的"数以千万计的专门人才和一大批拔尖创新人才"③ 如何才能成为现实？

这也是当前我国高等教育研究者和管理者，以及所有大学教师和大学生面临的现实问题。

第三节　当大学师生因课程教学而相遇共处

在大学里，尤其是本科阶段，绝大多数大学生是通过某一门或几门课程的学习而与大学教师发生联系。经由课程教学，大学师生围绕特定教学目标有了一段持续共处的时光，这种共处提供了他们共同亲近真知和美德的可能。

一、关于"课程"和课程体系

中国古代学者治学的大致分野为经史子集，他们向学生

---

① 在《中国青年报》2010 年所做调查中，学生认为他们所上的"广告策划学"课程是"老师混课时，我们混学分"。详见何瑙《部分大学课堂师生心照不宣一起混》，《中国青年报》2010 年 11 月 6 日。

② 2013 年，有学生家长致信云南民族大学党委指出，自己的孩子在大学所上的一些课程"虚假的成绩掩盖了虚假的教学"。详见《致云南民族大学党委的一封信》，《云南日报》2013 年 10 月 18 日。

③ 《国家中长期教育改革和发展规划纲要（2010—2020 年)》中关于教育发展目标的表述。

所传授的主要是诗、书、礼、易、春秋等经书。洋务运动以后，西方近代科学中分科治学的思想被国人所接受，各级各类学校的教学科目也按照学科分类而设置起来，于是出现了"课程"这一概念。

"课程"（course，curriculum）这一舶来的教育术语指称的是教学的科目，以及课程体系。单个的课程（curriculum）指的是教学内容的体系化结构，是高深知识谱系里的最小组织单位，相近并相关的数门课程构成一个学科或专业的核心知识体系（course）。

现代学科制度在总体上规定了一个专业对应的课程，英文单词 course 所表示的正是这种在教学活动之前也已规定好的"公共框架"与"教育计划"。[①] 由知识的内在逻辑关系决定，课程与课程之间有着主干与分支、上位与下位等知识分层关系，这正是专业教育方案需要区分先修与后续、必修和选修的内在逻辑。

二、课程教学是有特定指向的目的性活动

作为人类有意识活动的教育教学总有着某种目的，不管这种目的是社会性的或是个体性的，是涵盖认知情感行为诸多方面的或是相对单一的，是正向或是非正向的，是强烈的或微弱的，它都是教育教学活动的导向。当然，理想的课程教学大

---

① 参见［日］佐藤学《课程与教师》，钟启泉译，教育科学出版社2003年版，第175页。

多有着正向、强烈且全面的目标预设。

诚如美国教育家泰勒所指出的，课程教学所要解决的是以下四个问题：第一，应该达到哪些教育目标？第二，提供哪些教育经验才能实现这些目标？第三，怎样才能有效地组织这些教育经验？第四，我们怎样才能确定目标正在得到实现？[①]——而教学目标是师生教学活动的根本指向，也是决定教学质量的根本因素。

然而，我国当前一些大学课程缺乏明确适当的目标，以致教学成为"上过就过了"的无效活动，学生受益甚浅，甚至产生教育负效应。云南大学[②] 教新闻学的张静红老师曾经这样分析道：

> 到了大学，没有了升学考试压力，有的教师讲课不过是按部就班、唠叨完讲义的内容即是完成了教的任务，而学生水平的衡量更多地体现在他是否能清楚、有逻辑地记下笔记、然后考试时是否能顺利过关。师、生之间缺乏互动，都变得很"懒"。[③]

---

① 转引自施良方《课程理论——课程的基础、原理与问题》，教育科学出版社 2002 年版，第 13 页。

② 除特别说明外，本书所引述的大学良师均为云南大学的教师。

③ 张静红：《两次参与式教学的实践与分析》，张建东、王菊主编《追求卓越教学的探索与分享》，云南大学出版社 2013 年版，第 195—200 页。

目标既是教学活动的导向，也是判定学习效果和学习质量的依据。应然来看，每次课都应该有相对独立的教学目标，全部课次的教学目标阶梯性连接并构成课程教学的整体目标。周而复始的教学过程中，后续教学能够弥补和修正上次教学之不足。通过循环往复的调整和改进，"教"与"学"在螺旋式上升中不断趋近教学目标。

因此，课程教学需要通过形成性的诊断与反馈来改进教与学。诚如前哈佛学院院长哈瑞·刘易斯所指出的：

> 一门课程中如果教师评分次数过少，或者评分和反馈不及时，学生就错失了重要的教育机会。①

课程教学过程中，教师应通过日常性的提问、作业、测验或者阶段性的考试诊断学生掌握各部分知识的实际情况，并根据诊断结果调整教学，要么补讲学生没有掌握的内容，要么针对性地辅导学生存在的共同或典型问题，要么辅导个别学生，这些日常性的师生互动正是课程教学动态调整中不断趋近目标的唯一有力手段。

课程结束后的综合检测则是教师促使学生全面复习教学内容，将所学知识进行系统化整理和进一步内化的重要手段。

---

① ［美］哈瑞·刘易斯：《失去灵魂的卓越》，侯定凯译，华东师范大学出版社 2007 年版，第 120 页。

教师应根据课程性质选择合适的考核方式，根据教学内容编制科学合理的考核方案，全面诊断学生掌握学生学习及其思维发展情况。然而，在周湘林和李爱民所做的调查中，学生反映道：

> （有些）课程检测也具有明显的负导向作用，这些科目基本上都是开卷考试，而且相比高中极大地降低了考试难度，很多题目直接考查基本知识点，也就是对记忆力的考查，而不是理解力，这也增大了大家的厌烦感。

> 如有可能，最后真正的成绩不要仅与一张卷子挂钩，应注重课堂质量，而不仅仅是出勤率的问题，在课堂上表现怎么样，态度怎么样，这很重要。这之前的态度和考前冲刺的态度是不一样的。在课堂上表现相当大的比例是为了学术问题，你可以考试成绩不是特别高，但是你在课堂上可以表现积极，很认真地去思考。[①]

正如学生所言，课程教学及其考试如果缺乏目标或者目标过低，教学必定随意、混乱，这正是当前不少大学生"平时不烧香，临时抱佛脚"考前突击学习应付考试的原因。

---

① 周湘林、李爱民：《如何面对低效的课堂：学生如是说》，《高等教育研究》2012 年第 10 期。

三、课程教学是"教"与"学"的连续互动进程

"课程"一词的英文单词 curriculum，意思是"教师所创造、学生所经验"的"学习经验的总体"，这恐怕也是英文"curriculum vitae"被引申用来标示人生阅历的原因。① 按照这个词源，我们不妨把课程教学理解为"'教'与'学'的进程"，以便完整准确把握课程教学活动。

"'教'与'学'的进程"是一个有着诸多琐细环节的持续性过程，既包括"教"的过程，也包括"学"的过程，还包括"教"与"学"互碰的环节，这正是课程教学不同于学术报告和学术演讲之处。以一门 1 学分的课程为例，这门课程通常被核定为 18 个上课的学时，这 18 课时平均分配在 6 个星期或者 9 个星期完成。每个星期师生同在的课堂教学时间为连续 3 课时或者 2 课时，但是，在这 6 个星期或者 9 个星期的连续时段里，在上课之外的时间里，教师和学生均在围绕同一门课程的知识进行着"教"和"学"的准备和交流。

按照常规惯例，将师生同在的课堂教学以 7 天为一个周期循环安排在连续的 6 个星期或者 9 个星期是为了让学生能够由浅入深循序渐进地掌握结构化的专门知识，也是保证教学在螺旋式上升中不断趋近教学目标。具体地说，"教"的过程包括备课、上课、布置和批改作业、辅导学生等环节，"学"的过

① 参见［日］佐藤学《课程与教师》，钟启泉译，教育科学出版社 2003 年版，第 176 页。

程包括预习、上课、做作业、阅读、请教老师等环节，上课则是教师和学生在课堂共同学习并互碰的环节。

简言之，大学教师应通过课前、课堂和课后的诸多教学环节"让"学生学习，大学生应通过预习、上课、做作业、阅读、请教等环节跟随教师学习，这是简单不过的常识。然而，我国当前一些大学教师将课程教学简略为上课，不指导学生的课前和课后学习，不布置作业或者不批改作业。对此，学生说道：

> 老师只负责授课，并不管学生学。①
> 老师更多地将课堂作业教给学生，不再监督。②

① 来自鲁学伟摘编《大学心声在大学生活中感觉适应困难的事情》。2019 年 1 月 22 日。见 https：//h5.qzone.qq.com/ugc/share? ticket=MM%5F6255752669452415%5F1%5F6841154849716160%5FPB&srctype=61&sid=&sharetag=9250504E1D3C8270DE10C0AF4E5CAB2F&isappinstalled=0&bp7=&bp2=&bp1=&_wv=1&g_f=2000000103&res_uin=1241585736&appid=2&cellid=1548138484&no_topbar=1&subid=&g_ut=3&from=mp。

② 来自鲁学伟摘编《大学心声在大学生活中感觉适应困难的事情》。2019 年 1 月 22 日。见 https：//h5.qzone.qq.com/ugc/share? ticket=MM%5F6255752669452415%5F1%5F6841154849716160%5FPB&srctype=61&sid=&sharetag=9250504E1D3C8270DE10C0AF4E5CAB2F&isappinstalled=0&bp7=&bp2=&bp1=&_wv=1&g_f=2000000103&res_uin=1241585736&appid=2&cellid=1548138484&no_topbar=1&subid=&g_ut=3&from=mp。

没有作业，课后不知该怎么做。①

……

大学师生基于课程展开的"教"与"学"的活动形态构成了大学生活的基本样态，这种样态直接反映着大学的层次和水平。对于教授不认真教学、学生不认真学习的大学，我们难道能说它是好大学吗？

四、课程教学应将学生引入高深知识研究领域

从理想状态来看，大学是师生的"共同学术生活"②，大学教师和大学生都是高深学问研究者。当然，由于"闻道有先后"，智识优先的教师在高深学问研习中居于主导地位。"大鱼前导，小鱼尾随"——身为学者和师者的大学教师有着引导青年学生研究高深学问的责任。

关于什么知识最有价值以及何为真知，这是值得讨论的永恒主题。不过，学者对此总能够达成相对的共识，比如，古今中外的一些经典著述历来被视为真知的重要载体。中世纪时期，大学的课程基于图书而开设，大学有什么样的图书，就有什么样的相关课程。如通过研读亚里士多德的著作，进行逻辑

---

① 周湘林、李爱民：《如何面对低效的课堂：学生如是说》，《高等教育研究》2012 年第 10 期。

② 曾任柏林大学 1815/1816 学年校长的施莱尔马赫的观点。转引自陈洪捷《德国古典大学观及其对中国的影响》，北京大学出版社 2003 年版，第 52 页。

学和辩证法的学习；通过研究西塞罗的《论创造力》和《支持赫伦纽斯》来学习修辞学；通过学习欧几里得和托勒密的书进行数学和天文学的教学；法学专业学生以《格拉蒂安教令集》等书籍为基础教科书；医学院用的是康斯坦丁在 11 世纪编的希波克拉底和盖伦的著作集《医学论》等为教科书；神学院以彼埃尔·朗巴德的《教父名言录》和彼埃尔·康默斯托的《经院哲学史》为教材。①

20 世纪 30 年代，时任芝加哥大学校长赫钦斯有感于大学教育的过度职业化倾向，掀起了名著教育运动。他找来曾担任过哥伦比亚大学名著课程助教的莫蒂默·阿德勒等人帮助设计芝加哥大学的名著课程，并于秋季学期亲自给学生开课。芝加哥大学的名著教育运动推动了包括 74 名作者、102 个伟大观念和 433 本名著一共 54 册的《大英百科名著丛书》的编辑出版。②至今，其中的很多观念和著作依然历久弥新地活跃在中外大学师生的课程教学活动中。

围绕经典著述开展的课程教学正是教师引领学生共同亲近真知的重要途径。中山大学刘小枫教授指出：

（教师带领学生阅读经典著述）意味着学生跟一个自

---

① ［法］雅克·勒戈夫：《中世纪的知识分子》，张弘译，商务印书馆 2002 年版，第 70—71 页。
② 《赫钦斯与芝加哥大学名著教育》。2019 年 3 月 11 日，见 https://www.xzbu.com/9/view-3847486.htm。

已曾有过深入阅读且已经深入思考过一番的先行者一起
读，在这位有经验的读者的带领下，学生们（尚没有阅
读经验的人）的阅读能力才会得到提高。①

通过教师的引导，大学生可以在知识学习和真理追求的
道路上免除沙砾中淘金的周折，少走弯路，碰到的疑惑也能得
到指导，课程教学过程因而成为师生共同亲近那些震古烁今甚
至空前绝后的真知的过程。

生有涯，而知无涯。大学教师不可能把课程知识全部交
给学生，而只能将术语、定义、规则等学科知识的"四梁八
柱"交给学生。20 世纪 60 年代提出结构课程理论的美国教育
家布鲁纳指出："无论我们选教什么学科，务必使学生理解学
科的基本结构。"② 因为，"学到的观念，越是基本，几乎归结
为定义，则它对新问题的适用性就越宽广"③。大学教师应把结
构化的高深知识教给学生，学生一旦掌握了这些知识，就能在
学习中举一反三，触类旁通。

然而，在当前的我国大学里，我们不难发现的是，不少

---

① 转引自李茵、黄蕴智《教比学更难》，《北京大学教育评论》2015 年
第 2 期。
② 《教育过程》，中译本第 8 页。转引自王策三《教学论稿》，人民教育
出版社 1985 年版，第 26 页。
③ 《教育过程》，中译本第 12 页。转引自王策三《教学论稿》，人民教
育出版社 1985 年版，第 86 页。

课程的教学内容不过是由某些知识点衍生出来的散乱的信息，一些老师的课程甚至主要在评论时事，以致连学生都认为这种教学"脱离了上课的层次"①。

五、课程教学还应引领学生亲近美德

诚如列宁曾经指出的，"没有'人'的感情，就从来没有，也不可能有对真理的追求"②。真知中蕴含着人类对于正义、真理和美好事物的追求，真知的发现者本身也是具有理性精神和人性伟岸情操的先哲。因此，好的大学教学能够"打开"真知所蕴含的理性力量和先哲的人格魅力，使真知将绝缘于教条的枯索，并以鲜活饱满的面目熏陶学生品格。如此，教学亦成为教师带领学生亲近美德的过程。

更为重要的是，从某种意义上说，"老师就是他所教授的知识"③——大学教师的教学实际上是以一种个人的方式体现了他所教授的知识——教师传授高深学问的方法、形式及其流露出来的情感和观念在有意无意间都会对学生有所影响。例如，首次获得诺贝尔物理学奖的华裔科学家杨振宁这样叙述芝加哥大学费米④教授对自己的影响：

---

① 周湘林、李爱民：《如何面对低效的课堂：学生如是说》，《高等教育研究》2012 年第 10 期。

② 《列宁全集》第 20 卷，人民出版社 1958 年版，第 255 页。

③ [加] 马克斯·范梅南：《教学机智——教学智慧的意蕴》，李树英译，教育科学出版社 2001 年版，第 104 页。

④ 费米（Enrico Fermi，1901—1954），意大利出生的美国科学家，1938年获得诺贝尔物理学奖。他还是主持建造世界上第一个原子堆的人。

> 我受他（指费米教授）的影响很深。

> （费米教授）使我们懂得了物理不应该是专家的科学。物理应该从平地垒起，一块砖一块砖地砌，一层一层地加高。使我们懂得了抽象应在具体的基础工作之后，而绝非在他之前。

> 我们发现费米喜欢独立思考，我们注意到他讨厌任何形式的做作。①

当然，并非所有大学生都能受教于杰出科学家。但是，好老师身上的品质均能对学生产生良性影响。在周湘林和李爱民所做调查中，学生这样说道：

> （老师）性格方面的原因其实我们也都会感觉到，但我们不会因为老师很冷，就不喜欢这个老师。只要很有诚意地给我们上课，我们都会很开心地去听。②

"最具教育效果的不是教育的意图，而是师生间的相互接触"③，

---

① 杨振东、杨存泉编：《杨振宁谈读书与治学》，暨南大学出版社1998年版，第35页。

② 周湘林、李爱民：《如何面对低效的课堂：学生如是说》，《高等教育研究》2012年第10期。

③ 奥地利哲学家布贝尔所言。转引自孙培青等编《教育名言集》，上海教育出版社1984年版，第193页。

教师的教学如果精深鲜活，学生自会对知识、对学科、对研究兴致盎然，心生向往。

相反，如果教学枯燥死板，学生则会感到知识无用，思维无趣。相应地，学生也看不起这样的老师。在李长萍所做调查中，37% 的学生表示"课下我和老师见面连招呼都不打"。①

可见，那些背离客观规律的大学教学乱象深深败坏了学生对于真知和美德的情感，也深深地破坏了学生的大学生活体验。

处于青年晚期的大学生正是容易接受外物感化的年龄阶段，若亲炙于良师而亲近真知和美德，其将终身受益。否则，青年学生要么是虚度韶华，要么沾染上不良习气。不论好恶，大学教育的影响在其一生中均很难消除。

第四节　在课堂这个"教"与"学"互碰的时空里

曾任柏林大学 1815/1816 学年校长的施莱尔马赫指出，大学是师生的共同学术生活，而讲课则是这一共同生活的"神圣中心"所在，是大学不可替代的本质特征之一。②

---

① 李长萍：《论大学课堂教学中的师生交互关系》，《教育理论与实践》2006 年第 2 期。

② 德国哲学家施莱尔马赫所言。转引自陈洪捷《德国古典大学观及其对中国的影响》，北京大学出版社 2003 年版，第 52 页。

以讲授和研讨为主要形式的课堂教学之所以成为师生共同学术生活的神圣中心，是因为它是师生同在的时间和场域，是"教"引导"学"的重要环节。

一、课堂讲授的学术性与艺术性

讲授法是课堂里最常用的教学方法，也是教师向受众学生集中而高效地传授知识的重要途径。

卡尔·马克思曾将知识学习视为"再生产科学"[①] 的活动，教师的大学教学可谓是"再现科学生产过程"，是对高深知识的"再创造"。"教得好"的老师能够把自己对高深知识的"创造性背离"[②] 讲授给学生，他讲述的可能还是别人的观点，却有自己的理解和自己的表述方式，有自己的例证，这种"再创造"也是创造性智力劳动，是教学创新的核心所在。教师的独创性讲授，赋知识以温度，赋课堂以神圣，对学生影响深远，让文脉源远流长。

较之服从于"静观理性"的科学探索活动，对象性和情境性的课堂讲授需要教师通过设问、直观示范、比喻、模型、图解、举例、解释等多种语言和行动来表述和表现高深知识，

---

① 《马克思恩格斯全集》第 26 卷，人民出版社 1985 年版，第 121 页。

② "创造性背离（creative betrayal）"是意大利学者墨尔加利（Franco Meregalli）提出来的，原意是指读诗的时候可以背离作者原意，有自己更丰富的联想。德国美学家沃夫岗·伊赛尔也说，读书，就是要从你读的书本里面读出自己的创造性联想。引自央视新闻微信订阅号 2016 年 12 月 2 日。

以便帮助学生理解,这就使得课堂教学具有了表现艺术的某些特征。叶嘉莹回忆顾随先生时这样写道:

> 先生之讲课既是重在感发而不在拘狭死板的解释说明……凡是在书本中可以查考到的属于所谓记问之学的知识,先生一向都极少讲到,先生所讲授的乃是他自己以其博学、锐感、深思,以及其丰富的阅读和创作之经验所体会和掌握到的诗歌中真正的精华妙义之所在,并且更能将之用多种之譬解,做最为细致和最为深入的传达。①

可以想象,当顾先生细致深入而又感性地阐发自己研究和创作诗歌的独特精论妙义时,学生得到的学术滋养是多么独特! 多么丰盈!

用社会学家戈夫曼的"拟剧论"观点来看,课堂教学是一种在有形界限内有组织的社会生活,也是一门表演的艺术。② 确然,课堂教学的公开性、集体性和现场性使得教学具有某些表演艺术的特征。其一,课堂教学是在教室这个类似剧场的有形界限内展开的公开的活动。其二,在教学过程中,教师现场的情绪状态和临场发挥,以及学生的现场状态和课堂表现都对课堂教学效果有着重要影响。其三,课堂教学的目的在

---

① 叶嘉莹:《我的老师孙蜀丞》,《读书》2017 年第 5 期。
② 马和民:《教育社会学研究》,上海教育出版社 2000 年版,第 391 页。

于将一定的知识及其观念播及受众学生，所追求的效应也有某种表演性。那些教学艺术高超的教师不但能够通过自己的口头语言和肢体语言主动互碰学生，而且能够充分利用教室里的物理环境和心理情境等多种资源和因素影响学生群体，让在场的每一个学生都感觉到"老师看到我了，老师的话是对着我讲的"，这样，在场学生将获得某种有意义的认识或者某种意想的印象。

由于教学所需要的能力不同于研究能力，中世纪的大学非常重视教师的讲课能力，学者只有获得授课许可证方可从教。那时候，只有通过试讲获得授课准许证的学士才可以开始教学生涯，能够获得授课准许证的比例大约是学士的十五分之一或者二十分之一。只有那些通过艰难而昂贵的博士学位考试的学者才能作为大学教师终身从事教学工作。①

二、学生和教师有充分准备才能上好研讨课

大学教学区别于中小学教学之处在于，它将探索未知的科研精神与认识已知的教学活动结合为一体，② 是故，以师生研讨为主的讨论课、辩论课历来都是大学的重要课型之一。

研讨课的起源是中世纪大学的辩论教学法。在中世纪大学时期，辩论是除讲授之外最具特色的教学活动，也是优秀教

① ［法］雅克·韦尔热：《中世纪大学》，王晓辉译，上海人民出版社2007年版，第45—53页。
② 潘懋元主编：《高等学校教学原理与方法》，人民教育出版社1995年版，第113页。

师最为看重的方面。辩论的目的是使教师和学生扫清修业中遇到的困难，也给学生提供运用辩证法的实践。辩论包括班级里举行的经常性的普通辩论和学院全体人员参加的随意辩论两种。后来，每逢这种自由公开演讲时任何人都可以去听，既不受国籍的限制，也不受其他条件的约束。作为教学常用方法的普通辩论的程序大概是这样的：辩论主题由教师选定，可包括神学和哲学问题、司法案例等真实问题。辩论由教师主持，委派一个学生陈述问题，并努力为自己的主题辩护，驳斥听众的反对意见；教师一般只是在需要时，才去帮助他或让他重新开始。在辩论中，所有论据应当以课堂上掌握的文献为参考基础。辩论的第二天，教师对辩论作综述并发表其个人观点或者作出合理的定论。①

近代以来，seminar、tutorial、沙龙等小班研讨型课成为大学里较为普遍的教学组织形式。应然来看，研讨课的目的在于让学生练习逻辑推理方法，养成敏捷的思考能力，并在集体中形成论证、辩驳的探究风气。因此，研讨课应参考苏格拉底教学法的思维"助产"原理来开展，即通过学生之间的诘问让主辩者"自知其无知"，教师的归纳帮助学生扳正其思维中的错误，从而助推学生通过自己的思考，得出结论。在研讨课上，已经具备相当知识基础、自主学习能力以及逻辑思维能力

---

① ［法］雅克·韦尔热：《中世纪大学》，王晓辉译，上海人民出版社2007年版，第48—49页。

的大学生既接受教师的指导，也通过同辈群体的认同或者质疑展开学习。更多的时候，来自同学的刺激、鼓励和启发会让学生受益更多。

为使研讨达到促进学生掌握知识、训练思维的目标，学生须在课前开展系统的阅读和研究，形成讨论文稿；教师须精选辩论主题和阅读材料，课堂上还要集中精力听取主讲学生的发言和其他学生的质疑，并适时进行调控和解答，唯有如此，教师才能运筹帷幄地推动起激越的讨论，达到辨明真理，锻造理性的目的。

然而，我国当前大学里一些所谓的"研读课"在师生准备不足的情况下开展，甚至是在上课过程中临时发起，这样的研讨并不能达到增进认知和训练思维的目的。对此，中山大学刘小枫教授批评道：

> 教师布置学生在研读课上读一本古典经典，由学生轮流讲，谈读后感，虽然美名其曰让"大家"发言锻炼学生的主动性。在这样的研读课上，学生其实学不到什么东西。……按照"民主化"的读法，大家都是二百五，没什么经验和积累，能读出什么名堂？原地踏步已经很不错了——当老师的倒是有了轻松（偷懒）的机会。①

---

① 转引自李茵、黄蕴智《教比学更难》，《北京大学教育评论》2015 年第 2 期。

确然，在学生知识储备不足以及教师准备不充分的情况下上研讨课，其教学效果显然还不如讲授课。

三、课堂教学媒介的应用限度

课堂教学的根本目的在于教师指引和促进学生与学习内容之间建立起本真关系，为达到这个目的，教师需适当借助必要的外在媒介。

在课堂教学可借助的诸多媒介中，黑板无疑是最古老也最常用的。苏格兰人认为黑板是 19 世纪早期英国爱丁堡古代高等学校的校长 Jame Pillans 发明的，因为，他最早在教学中使用黑板和彩色粉笔来教授地理课程。到 19 世纪 30 年代，黑板已经成为教室中必备的设备之一。黑板能够让教师或学生在教学过程中即时生成视觉符号，并向在场者展示生成的过程和结果，可以说，黑板为以听觉为主的课堂教学增添了即时的视觉刺激，从而成为广泛流行的教学媒介。Bumstead 指出，"黑板的发明者即使不能被认为是人类最伟大的贡献者，也应该被看作是学习和科学最伟大的贡献者"①。近代以来，白板、电子白板等更为便捷的媒介被运用到课堂教学中，不过，它们作为现场视觉媒介的本质并无异于黑板。

19 世纪末 20 世纪初，以电为能源的照明设备大大降低了幻灯片放映机的使用成本，幻灯机就被广泛运用到教育中，并

---

① 转引自［美］J.Michael Spector 等《教育传播与技术研究手册》（第三版），任友群等译，华东师范大学出版社 2012 年版，第 7 页。

引发了视觉教学运动。20世纪20到60年代，教育广播、电视教学、程序教学、计算机辅助教学等手段先后被运用到教学里。20世纪70年代以来，由于微型计算机和个人计算机的快速发展，以及因特网和万维网的普遍运用，教学媒介进入了数字时代。① 最近十来年，由于数字技术和互联网渗入教学，各种形式的 MOOCS（mass open on-line courses）抢注风潮盛行于当前的国内外高等教育界。

面对技术造就教学神话的各种言论甚嚣尘上的情势，有识之士指出，一个多世纪以来，每一种新媒体的出现都伴随着热心者的鼓吹和看好，也都会引发短暂的热潮。但是，当热潮渐渐退去，最后市场剩下的只是那些缓慢但稳定发展的可靠优质课程的提供者。②

无论信息技术如何冲击课堂和教学，我们不得不警醒的是，课堂教学的本质是师生学术对话，媒体的教育价值取决于教师是否可以恰当地使用。很多一线教师在课堂教学中都有这种体会：预先做好的 PPT 有时候会成为教学的干扰因素，一方面，它会限制教师的即兴发挥；另一方面，它会使学生将注意力从教师身上转移到投影屏幕上，从而不能达成很好的师生互动。相反，课堂上的一些现场板书是鲜活、灵动而有

---

① ［美］J.Michael Spector 等：《教育传播与技术研究手册》（第三版），任友群等译，华东师范大学出版社2012年版，第7—24页。

② ［美］J.Michael Spector 等：《教育传播与技术研究手册》（第三版），任友群等译，华东师范大学出版社2012年版，第22页。

温度，也更能够帮助学生提纲挈领地把握教学内容及其思维过程。①

让我们记住拉维奇（Ravitch，2014）的话，教育没有捷径可走，只有像早年那样，用扎实的知识和正确的价值观来培育学生的思想和心灵，才是教育的本质。②

第五节　教育质量是教师与学生的联合产品

一段时期以来，质量管理这一商业概念被引入教育领域，界定并评定"教育质量"已然成为大学治理的核心所在。基于"教"与"学"的双主体性和悖论关系，我们不妨借用商业概念"联合产品"来分析大学教学质量，以为大学教学治理提供一定的参考思路。

一、"教"与"学"的悖论和"让学"的有限性

德国哲学家海德格尔所指出的"教所要求的是让学"既道出了"学"主体是学生，也道出了教师之"教"的对象性特点，更道出了"教"与"学"的悖论关系。

从根本上来说，学习是学生自己的独立主体活动。任何真正的"学"都离不开学习者对学习内容的本真接触和独特领悟。无论是知识习得、方法掌握还是观念转变，一切学习均是

① 来自笔者 2018 年 11 月 23 日与刘徐湘教授的交流。
② 转引自李茵、黄蕴智《教比学更难》，《北京大学教育评论》2015 年第 2 期。

作为学习主体的学生在内化学习内容的过程中自己建构起来的个人理解。常识经验也告诉我们，"学"不一定倚仗于"教"，天资聪颖且学习动机强烈的学生大多通过阅读和自学实现"无师自通"。当然，有良师指点尤佳。

"教"是教师对于学生的使动活动，即海德格尔所言"让学"——教师"让"学生去学习某种知识、技能和价值观念。然而，学习毕竟是学生自己的独立主体活动，是否学习和如何学习取决于学生的主体能动性，为师者既不可能把教学内容灌入学生头脑，也宰制不了学生的意志。所以，从绝对意义上来看，"让"并不一定能让学生"受"，"教"并不保证"学"。

既然"学"不一定倚仗于"教"，"教"也并不保证"学"，那么，我们在讨论教学质量之前就须先谨慎地分析一下所谓"教学质量"——这种倚仗于特定师生关系和特定时空的微观"让学"活动及其结果。不然，我们对于教学质量的宽泛讨论会陷入类似"没有教不会的学生，只有不会教的老师"的"教育万能论"，或者是陷入"朽木不可雕也"的"教育虚无主义"。

成功的"让学"既包括教师向学生的"出让"，也包括学生对教师的"响应"。就是说，只有师生双方达成某种程度的"合意"，"教"与"学"才能统一起来。否则的话，极有可能是教师苦口婆心想"让"学生学习，学生却感到味同嚼蜡，并不理会教师的"让学"意图；或者就是，青年学子冲着教授慕名而来，教授却无意"让学"，以致失望的学生不得不另寻他途甚至放弃学习。

　　然而，真正合意的师生关系是可遇不可求的。数年、数十年的教学生涯里，大学教师或许只能遇见屈指可数的合意学生。同样地，学生在数十年的学校生活里，也仅能碰到为数不多的令其心契的教师。汪曾祺先生曾经讲述过金岳霖和学生王浩之间的故事：

　　　　金岳霖先生在西南联大开设"符号逻辑"课程时，选课的人很少，教室里只有几个人。学生里最突出的是王浩。金先生讲着讲着，有时会停下来，问"王浩，你觉得如何？"这堂课就成了他们师生二人的对话。后来，王浩成为国际知名学者。他的学问，原是师承金先生的。一个人一生哪怕只教出一个好学生，也值得了。①

　　汪先生所言"一个人一生哪怕只教出一个好学生，也值得了"道出了合意的师生关系之难能可贵。

　　"教所要求的是让学"，似乎还包括"教"所追求的目标要通过"学"体现出来之意。然而，即使师生双方在教与学上达成合意，学生也绝不可能将教师所教照单全收。一方面，具备理性思维能力的大学生对于教师所"教"有着自己的独立判

---

① 汪曾祺：《金岳霖先生》，转引自陈洪主编《大学语文》，高等教育出版社 2009 年版，第 106—107 页。

断和选择，并不会轻易信从。即使学生完全信从于教师所教，其内化知识、技能和价值观念需要一个相对较长的过程，并不可能有立竿见影之效。另一方面，学生个体或者集体的学习受制于其先备知识、个人成就动机和时间投入等复杂因素，任何教师和管理者都不能客观、精准全面地判定何种学生学习活动及其成效是由"教"所实现的"增值"。更何况，陶养学生品格等"让学"的深远影响是若干年后才能显现出来并为受教学生所意识得到的。

既然"教"与"学"并非径直的线性关系，我们就不得不从个体和群体学生的素质，以及教师素质等更为宽广的视野来讨论教学质量问题。

二、教育质量的联合产品属性

美国学者亨利·汉斯曼曾经用联合产品的理论来分析教育领域中的质量问题。他认为，高等教育区别于其他绝大多数产品和服务的一个重要特征是：它是"联合产品"。

联合产品的基本特征是：当顾客选择商家时，他不仅关心产品的质量和价格，而且还关心商家其他顾客的个人特质，位于教育系统顶端的精英高等教育的确具有联合产品的这一特征。例如，当一名学生挑选大学甚至专业的时候，他们不但考虑大学的教授、课程和设备，而且还考虑大学里其他同学的智力能力、先前的成绩、社交能力、体育特长、财产和家庭。原因是显而易见的：其他同学的特质强烈地影响着该名大学生的受教育经历的质量，甚至影响着他今后的社会关系（包括婚姻），影响着他的个人和职业声誉。因此，从商业的角度来看，大学出售给学生的，大部分是它的其他学生；也可以说，该名学生自身的个人特质（可称之为"顾客质量"）构成了自己所购买的教育产品质量的重要组成部分。①

联合产品理论可以很好地解释市场环境下名牌大学筛选学生的机制，以及优秀生源麇集于名校的现象：名牌大学（可称之为"商家"）总是优先选择并不惜余力延揽高质量学生（可称之为"顾客"），它们宁肯为学业成绩优异的学生减免学费也不愿意提高学费招收低质量的学生；从学生的择校行为来看，优秀的学生总是优先选择名校，因为，由于名校的学生——过去的、现在的和将来的——都是足够优秀的（可称之为"其他顾客的质量"）。亨利·汉斯曼的分析从独特的视角揭示了学生质量对于教育质量的决定性作用，也切合人们关于教育质量的常识判断。例如，杨振宁在分析西南联合大学为世界作出的卓越贡献时说道：

> 我常常觉得，一所学校最重要的是它的学生素质，而不是它的设备。②

---

① ［美］亨利·汉斯曼：《具有连带产品属性的高等教育》，王菊译，阎凤桥校，《北京大学教育评论》2004 年第 3 期。

② 杨振宁：《1945—1980 年论文选集》，第 84 页。转引自杨振东、杨存泉编《杨振宁谈读书与治学》，暨南大学出版社 1998 年版，第 15—16 页。

亨利·汉斯曼还指出，教学活动也是一种联合产品。因为，教授希望教好学生，学生喜欢好老师，因此，教师和学生之间也有了联合的链条。① 确然。高品质教学正是好学生的"学得好"和好老师的"教得好"的合成。

在中国大学发展史上，1937—1945 年间短暂存续仅 8 年的西南联合大学创造了中外高等教育的历史丰碑——在这所大学的 3000 来名毕业生中出现了两位诺贝尔奖获得者、8 位"两弹一星"勋章奖章获得者、173 位两院院士以及 100 多位人文大师。诺贝尔奖获得者之一的杨振宁于 1938 年进入西南联大，1944 年取得硕士学位，他曾经这样回忆自己在西南联大的学习：

> 西南联大的课程非常有系统，而且都有充分的准备，内容都极深入。那时的教师阵容非常强大。……
>
> 西南联大的教学风气是非常认真的。我们那时所念的课，一般老师准备得很好，学生习题做得很多，所以在大学四年和后来两年研究院期间，我学到很多东西。那时候一般所用教科书，是有名的老书。②

① ［美］亨利·汉斯曼：《具有连带产品属性的高等教育》，王菊译，阎凤桥校，《北京大学教育评论》2004 年第 3 期。
② 杨振宁：《读书教学四十年》，第 113、116 页。转引自杨振东、杨存泉编《杨振宁谈读书与治学》，暨南大学出版社 1998 年版，第 15 页。

杨振宁的该段回忆较多述及教师"教得好"：①课程非常有系统；②教师上课准备充分；③教学内容极深入；④教师阵容非常强大；⑤教科书是有名的老书。

关于西南联大学生的"学得好"，除了上述"学生习题做得很多"，杨振宁也曾详实生动地追忆道：

> ……我们（指黄昆、张守廉和杨振宁三个同学）无休止地辩论着物理里面的种种题目。记得有一次，我们争论的题目是关于量子力学中"测量"的准确意义。这是哥本哈根学派的一个重大而微妙的贡献。那天，从开始喝茶辩论到晚上回到昆华中学，关了电灯，上了床以后，辩论仍然没有停止。我现在已经不记得那天晚上争辩的确切细节，也不记清谁持什么观点。但我清楚地记得我们三人最后都从床上爬起来，点亮蜡烛，翻看海森堡的《量子理论的物理原理》来调解我们的辩论。[1]

从杨振宁对于西南联大教学活动的描述中，我们可以窥见教学质量的来源：教师认真"教"＋学生认真"学"，正是因为拥有那么多认真教学的老师和认真学习的学生，也才有了西南联大彪炳史册的教育传奇。

---

[1]　转引自杨振东、杨存泉编《杨振宁谈读书与治学》，暨南大学出版社1998年版，第17页。

三、课程教学质量是大学教育质量的内核

以课程为单位的教学活动是大学最基本也是最重要的活动，古今中外很多教育家都从教学活动入手来探讨教育问题，《学记》《大学》《师说》都是以阐述教学活动的不同方面为主的教育理论著述。17 世纪捷克教育家夸美纽斯的《大教学论》是西方最早的一本教育学著作，同样是以学校教育中的教学活动为研究对象。[①]

从社会交往的角度来看，大学教师和大学生是互相依存的人际关系，学生尽管在智识上逊于教师，却与教师同为伦理主体，获得的体验是基本对等。如果教师觉得教得好，学生也多半会感到学有所得，双方的情感体验都是积极的。如果学生不能理解教师所"教"，教师就会认为自己是对牛弹琴，学生也会觉得味同嚼蜡。

课程进程中"教"与"学"的持续性和协调性决定着师生的教学体验，决定着教学质量——师生彼此成为对方获得美好体验的条件，也成为破坏对方美好体验的条件。因此，课程教学质量就相当于教育质量。在上述杨振宁关于西南联大的回忆中，其所述及的主要是课程、教师的备课、上课内容、学生习题、教科书、同侪共研等师生教学活动的环节和细节，而大学的教育质量正是这些琐琐碎碎的环节和细节所建构起来的。

---

① 潘懋元主编：《高等学校教学原理与方法》，人民教育出版社 1995 年版，第 1 页。

然而，由于教学活动的寻常性和教学成效的延宕性，一些大学教师和大学管理者有意无意地遗忘了课程教学是大学教育的根本所在。他们考察教学质量时看重的是工程、项目、获奖等具有显示度的表象，而不是师生教学活动的环节和细节以及与之密切相关的学生的受教育体验。

四、"吾爱吾师，吾更爱真理"：卓越教育是师生的彼此成就

大学教学既是教师和成年学生之间有指导的认知过程，也是师生基于特定人格而非利益关系开展的人际关系。① 经由众多琐细环节组成的教学过程，师生之间有了美好的共处时光，双方的智识和品格也都有所增益。

从智识方面来看，教师需"为教而学"——他需要设身处地于学生的角度，努力使学生明白，"既要努力使人明白，自己便自然而然地格外明白了"②——这正是"教，然后知困，知困而后能自强"的道理。对于学生而言，学，然后知不足，教师指导下的"学"，可让学生更好地发现自己的不足，从而去弥合或超越这种不足，师生之间的教学相长由此发生。

从品格方面来看，由于师生关系是基于特定人格而非利

---

① 赵汀阳将社会关系分为人际关系和事际关系。他认为，人际关系是相遇相待的关系，人在这种关系里是代表特定人格而出现；事际关系的实质是利益关系，人在这种关系里所代表的是某些事务功能。参见赵汀阳《论可能生活——一种关于幸福和公正的理论》，中国人民大学出版社2004年版，第172页。

② 陶行知：《以教人者教己》，转引自孙培青等编《教育名言集》，上海教育出版社1984年版，第184页。

益关系建立起来的，这种关系的伦理价值仅次于亲子关系和夫妻关系——它是以感情为基础而不是以利益为基础的——双方如果相待和谐就产生积极健康的感情，否则就产生敌意、冷漠和孤独。①

经由课程教学而建立的师生良好关系是这样的：施教者觉得正是因为有了学生的存在才有了自己作为教师的价值呈现，因此，他们善待"自己的学生"并如父母一般为他们"计深远"；受教者认为自己成为这位教师的学生是何其有幸，所以，他们尊敬"我的老师"并虚心向学。教师和学生之间这种我对你②的亲和人际关系使得教师和学生都尽量地向对方展示出自己的美好德性，以体现自己是一个有价值的值得被尊重的人。由此，师生在认知不断突破既往的同时，彼此的德性也因长期砥砺而不断增益。

好的教学是教师和学生的认知互酬和德性增益，在他们因教学而相遇相处的数月甚至此后延展开来未来岁月里，他们互相见证和成就了彼此的生命，他们之间建构起超越一切利益考量的美好伦理关系。

在人类的教育发展史上，亚里士多德"吾爱吾师，吾更

---

① 赵汀阳：《论可能生活——一种关于幸福和公正的理论》，中国人民大学出版社 2004 年版，第 172 页。

② 赵汀阳根据人际交往对象和亲密程度将人际关系分为我对我、我对你、我对他三种关系。参见赵汀阳《论可能生活——一种关于幸福和公正的理论》，中国人民大学出版社 2004 年版，第 218 页。

爱真理"的故事就是美好师生关系的最好例证。我们不妨重温一下关于他们的故事的一个经典片段：

　　（在讨论"普遍善的概念"之前，亚里士多德说）"这种讨论令人为难，因为它要谈及我们自己的朋友所提出的理论。"①

亚里士多德所言"我们自己的朋友"即他的恩师柏拉图。亚里士多德的为难，是由于他面临两难选择：爱智慧还是爱吾师？爱智慧是自己身为哲学家的责任，爱吾师是自己对恩师的友爱。在亚里士多德心中，柏拉图简直就是神，他曾经说过，"坏人甚至连赞扬柏拉图的机会都没有"。②

　　正是由于亚里士多德对老师柏拉图是如此尊崇和爱戴，所以他才感到深深地为难——尽管，他最后选择"为了维护真而牺牲个人的所爱"③。

　　如此爱师真情，何等磊落！

　　如此爱智勇气，何等光明！

---

① ［古希腊］亚里士多德：《尼各马可伦理学》，廖申白译注，商务印书馆 2005 年版，第 13 页。译者脚注。

② ［德］威廉·魏施德：《通往哲学的后楼梯》，李文潮译，辽宁教育出版社 1998 年版，第 45 页。

③ ［古希腊］亚里士多德：《尼各马可伦理学》，廖申白译注，商务印书馆 2005 年版，第 13 页，译者脚注。

第 二 章
大学良师何以"教得好"：
基于典型案例的理想化解释

在不少大学生、家长和社会人士感叹"好老师不常有"的当下中国高等教育界，我们依然可以看到一些大学良师真诚对待学生，认真对待教学，创造着令人感动的教学佳话。

本章采用文本分析、深度访谈和课堂观察等方法深入探究大学良师的教学实践及其教学理念，"深描"数十位"教得好"的大学良师设计教学目标、讲授高深知识，以及评阅和反馈学生作业等课内与课外教学环节和细节。在此基础上，笔者并借助伦理学及教学论的有关视角探寻卓越教学的内在生成机制，以期为解决"教授不教"等现实问题有所裨益。

需要说明的是，本书所引述的大学良师除了个别著名科学家或学者，大多为正在成长的云南大学中青年教师。他们未必拥有教授职务，未必主持重大课题，未必已有突出学术建树，未必获得重大奖励。但是，他们代表着最大多数的普通大学教师，代表着承载了整个高等教育事业的最广泛的基础。

这些大学良师本着"良心"正心诚意地潜心学术并教书育人，形成了自己独有的教学经验和教学智慧。或许，经由他们所呈现出来的鲜活的卓越教学对于更多的一线大学教师更有感同身受的启发和借鉴意义，经由他们所呈现出来的卓越教学的内在生成机制也能使大学教学治理的有关举措更加切合实际。

第一节　"教谁？教什么？"：良师的
学生观和教学指向

诚如海德格尔所言，"教所要求的是让学"——"教"是由教师发出并指向学生的对象性行为，因此，教师对于学生及行为的解释决定着其如何对待学生，以及"教什么"和"如何教"。无论这个解释和选择的过程是有意识或无意识，它都源自于教师本人关于学生和关于教学的根本性观念，并指导着教师的教育教学的态度和行为。

一、"很有希望的群体"：良师对于"大学生"的概念化理解

泛化的学生概念是教师内心所秉持的学生观，也是教师诠释学生行为和选择师生互动方式以及教学策略的指导思想。这种概念化的理解从根本的观念层面决定着教师与学生交往的态度和立场，决定着教师教育学生的行为选择。

教师对于学生的概念化理解包括教师对学生的基本看法和认识，也包括他们对学生行为和性格的判断和解释。教师的

学生观生发于自身的受教育经历，却与其实际面对的群体和个体学生直接相关，同事、学院、大学等中观教育情境也对教师学生观的形成有着深刻的影响。

面对扩招以来大量涌入大学的青年，不少老师感叹学生素质下降，学风变坏，学生越来越难教。或许，当下的一些大学生学术旨趣不够浓厚，相对缺乏主动学习的习惯，然而，这是即今的大学教师必须面对的现实问题。

认同于"师者"身份的大学良师大多已对这个问题达成了理性的判断，他们克服了曾经抱有的消极情绪，摒弃了"今非昔比""每况愈下""人心不古"等陋见，换以更为宽阔的胸襟接纳学生，理解学生，并为课程教学厘定了高远的教学定位。例如，教哲学的李子群老师这样分析：

> 青年学生是一个很有希望的群体。也许不同过去的是，他们生活的时代是更加注重实利的时代，发明的时代，竞争的时代，专业化、多元的利益与庞大的知识谱系凸显的时代，身体和性可以公开谈论的时代，对秩序提出挑战的时代。在一定意义上，从中学到大学，青年学生已经进入生命中这样一个时期，从此他们将是自由的主体。随着时间的流逝，他们会一次又一次地被提醒，独立运用理性是如何的重要。他们在经济上虽然没有彻底独立，但他们在理性的运用上不能再过多地依赖其他人。从沉思到抉择，从在理性的运用上依赖他人到独立

自主，这是一个发生重要转折的时期。青年学生们需要哲学的介入，需要哲学帮助他们培育理性思维能力，建立理性分析的坐标，用反思和批判拨开眼前的迷雾，领悟时代的意义，从而健康地成长。①

再如，教美学的史芳老师这样分析道：

但如今……学生自身没有目标感，缺乏安全感，缺乏对于教师的信任……导致师生关系需要重新理解，新的理解。……

除非教师停止抱怨学生，否则，永远不会积极寻求调和与解决。

爱自己的学生是一切解决的出发点。爱，不等于喜欢，爱就是一种积极的情感，包括不计较、不横加评论、有信心。……

对于那些不知道……不愿意上课认真记笔记、下课努力复习（的学生）②……除了不断想办法，别无他途。而解决问题的前提是一个争取的态度。爱这些学生是良

① 李子群：《哲学的本性与参与式教学》，张建东、王菊主编《追求卓越教学的探索与分享》，云南大学出版社 2013 年版，第 186—187 页。

② 说明：本书引用材料中括号内的字为宋体的，如"（的学生）"即为作者所加文字；若括号内的字为楷体的即为被引作者的原话。

好的开端。在这里，爱，就是接纳。不再去评论他们的高低，不去在意他们的录取分数。接纳，寻找解决的办法。①

相信"青年学生是一个很有希望的群体"，"停止抱怨，接纳，寻找解决的办法"——这是大学良师心中对于"学生"的概念化理解。

相对于正在学习的大学生，教师是有经验的"过来人"。因此，那些内心将自我认同于师者身份的大学良师，他们自会像苏联教育家乌申斯基所指出的那样——"感到自己是克服人类无知和恶习的大机构中的一个活跃而积极的成员，是过去历史上所有高尚而伟大的人物跟新一代之间的中介人，是那些争取真理和幸福的人的神圣遗训的保存者。他感到自己是过去和未来之间一个活的环节"②——因而，他们自觉肩负起向未来社会的"接班人"嬗递真理和美德的社会责任。所以，他们接纳目前尚不完美的青年，并对青年的发展充满信心。

对于学生的接纳是大学良师满怀信心施教的起点。因为接纳，他们看到了青年学生的发展潜力，他们对学生充满信任和期望，而学生一旦感受到这份来自教师的信任和期望自会积

---

① 史芳：《如果热爱》，张建东、王菊主编《追求卓越教学的探索与分享》，云南大学出版社 2013 年版，第 12 页。

② 转引自孙培青等编《教育名言集》，上海教育出版社 1984 年版，第 169 页。

极向学。教新闻的曹云雯老师这样写道：

> 教师首先要有一种信念，尽管他或她不是某种宗教的信徒。他必须相信每个人都有想要成为人的目的。人人都想通过学习获得德行和信仰，让自己对生存不再恐惧。

> 教师对学生的影响力来自他所具有的权威，而这种权威和任何暴力及强制手段毫无关系，相反是和自由感密切关联。教师的权威不是外部力量所赋予他的，而是来自于他内心对于自己肩负工作的重要性所产生的信赖。其实，这是一种神圣的使命感。有了使命感的教师，其言行必然体现出对自己职责的重视，因为这种重视，才使教师的意识成为学生的意识。①

其实，作为"长者"的大学良师看待青年学生的态度就是他们看待未来的态度，他们对青年满怀信心也就是对未来满怀信心，他们相信大学生会健康成长就是相信未来的世界和未来的社会充满美好的可能，这种对于青年和未来的美好期许既是学者的明智，更是师者的教育热情。

---

① 曹云雯：《自省与誓言：师者何为?》，张建东、王菊主编《追求卓越教学的探索与分享》，云南大学出版社 2013 年版，第 3 页。

二、点燃学生的求知渴望：良师教学的认知指向

价值多元化的现代社会就像一个复杂的万花筒。那么，在这样的时代环境里，大学教师如何才能让学生"于研究学问之外，别无何等之目的"呢？北京大学陈平原教授这样分析道：

> 面对日趋功利的社会，大学教师能做的是正视社会现实，正视大学生复杂的心理状态，相信学生的可塑性，然后，用精彩的课程以及教师的人格魅力来吸引学生，让学生调整心态，逐渐对学问产生兴趣。他说，某种意义上，"我们是在跟社会上的功利主义思潮争夺年轻一代"。①

陈平原教授的分析是基于自己与两名新生之间关于要不要继续学习汉语言文学专业的故事：

> 故事一：1994 年 9 月，陈老师去昌平园区给汉语言文学专业的新生做入学教育。席间，有一个学生站起来问："老师，我看你挺聪明的，有没有更进一步的追求，还是只满足于当一名教授？"学生的提问让陈老师激动起来——身为潮州人的自己如果选择经商或参军或许也能混得不错，但是，陈老师自己的趣味却不是这些。于是，激动的陈老师慷慨陈词，向学生讲述了自己的学术旨趣，

---

① 陈平原：《大学何为》，北京大学出版社 2016 年版，第 374 页。

博得一阵阵掌声。下课后,那学生很不好意思地跟陈老师说:"老师,对不起,我提问是为了解答自己的困惑。"原来,这学生的家长觉得他考上了中文系,将来既不能当官,也赚不了大钱,没多大出息。他觉得压力很大,不知道怎么办,所以才提这样的问题。

故事二:刚上了两个星期课,有个大一女孩跑来告诉陈老师:"老师,我的第一志愿不是中文系,是光华管理学院。"面对这个因为被调剂到中文系而感到失落的学生,陈老师说:"你先学一个学期,如果觉得无趣,一定要转,那你就转。"到学期末的时候,陈老师了解到这名学生有兴趣学中文,愿意留下来继续学。①

如陈平原老师一样,大学良师真诚对待学生,他们在教学实践中时时思考并以实际行动回答着高深学问教学、学生德性培养等大学教育的根本问题,并依此设计自己的教学目标和教学内容。

再如,曹云雯老师这样写道:

任何人都有天生的求知欲,教师要做的就是去点燃它。②

① 原文见陈平原《大学何为》,北京大学出版社 2016 年版,第 373 页。在保持原文本意的基础上,由笔者略做删改。
② 曹云雯:《自省与誓言:师者何为?》,张建东、王菊主编《追求卓越教学的探索与分享》,云南大学出版社 2013 年版,第 1—5 页。

对于如何"点燃"学生的求知欲，曹云雯老师是这样理解的：

> 你（指教师）要用自己的实际行动去证明学习的真正价值在于能够在生活中正确地对待他人。[①]

亲其师方能信其道，大学良师的教学就是用自己的言行向学生展示学科专业和学习的魅力，让学生对高深学问心生向往并主动去研习。

三、教养学生的精神品格：良师教学的德性指向

德国教育家赫尔巴特指出："教学如果没有进行道德教育，只是一种没有目的的手段；道德教育（或者品格教育）如果没有教学，就是一种失去了手段的目的。"[②] 大学良师深知学生掌握高深学问的过程也是修养德性的过程，所以，他们希望自己的教学能够促进学生的德性发展。例如，李子群老师指出：

> 哲学教育最重要的理想之一就是培育、锤炼学生的理性。……我们在教授哲学的时候，就应该不仅仅关注教

① 曹云雯：《自省与誓言：师者何为？》，张建东、王菊主编《追求卓越教学的探索与分享》，云南大学出版社 2013 年版，第 1—5 页。

② 王天一、夏之莲、朱美玉编著：《外国教育史》（上册），北京师范大学出版社 1993 年版，第 324 页。

学任务中那些知识性的方面。①

同样地，教中国古代文学史的曾莹老师这样思考着：

　　大学教育如果只是高深学问之研讨，可绝大多数学生都不会走上研究道路，那他们在这样的大学又能够收获些什么？

　　在（大学）这样一个得天独厚的环境中展开针对性情的陶养，它既是大学教育之根本，也是大学教育最值得骄傲、最无可取代的价值所在。

　　在中国古代文学史教学中，我们就不能只限于一些基础知识的讲授，还应该在文学史的基本把握之外，致力于性情——通过开启学生对于美的认知能力，树立其对于德的确当态度，进而由文学的讲授，发展为对性情的改造与滋养。

　　只有以"美的开启"和"德的树立"为指归展开中国古代文学史的讲授，方能对学生的性情形成最直接也最醇厚的滋养。……做到了这一点，文学方才能够最终实现它作为"人学"的价值，切实地注入我们的血脉，成为伴随我们一生的财富；同时也唯有做到这一点，我们才

① 李子群：《哲学的本性与参与式教学》，张建东、王菊主编《追求卓越教学的探索与分享》，云南大学出版社 2013 年版，第 188—189 页。

能真正读懂文学——无论是具体的作家作品所蕴含的各类心中幽微与款曲，还是一个时代的文学思潮、文学创作走向所折射的特异的风尚与精神，甚至于，是这个民族历经千载亦不曾变更的心灵上的统绪与根系。①

再如，张喜光教授从古生物研究中深切地体会到，"感受自然之美"等情怀非常重要，"想象比知识更重要"和"山高我为峰"等探索精神也非常重要。他说：

> 我想把这些"精神上的东西"通过教学告诉我的学生。有一次，我给学生讲了自己的一次投稿经历。那是我自己在研究化石时发现一些标本保存有奇特的螺旋构造，便与自然界普遍存在的"手征"（chirality）相联系，辨析可能的"左旋"或"右旋"机制，挑战当时古生物界就事论事的呆板观点，并积极向 Science 投稿，但最后被评审人苛刻拒稿。我（讲这个实例）是想让学生看到，科学研究要突破学科专业的框架，勇于联想。至少我这个老头还敢跟人家（国际学术权威）叫板，而且叫板得还多少有些道理。②

---

① 曾莹：《美的开启与德的树立——小议古代文学教学与大学教育之根本》，张建东、王菊主编《追求卓越教学的探索与分享》，云南大学出版社 2013 年版，第 50—51 页。
② 来自张喜光老师 2011 年 10 月给云南大学首期教师教学能力研修班所做专题讲座。

如李老师、曾老师和张喜光教授一样，真正的学者所从事的是"出乎其心，入乎其内"的科学研究，他们以充满好奇和想象的赤子之心格物穷理，突破陈规，无畏权势，自己也经由研究而修养出卓越情操，足以担纲授知启智和教化德性的神圣使命。

四、良师的教育理想

大学良师所拟定的认知指向和德性指向是他们对于理想的大学教学和大学教育的追求。他们的追求指向教育的至高境界，即康德所言的"让人触摸到世界之至善以及人性被规定达到的，而且具备相应禀赋的那种完美性"，而他们自己正是"引导学生去接近那种人性的完美性的精神向导"。①

当然，因教育情境和机缘不同，大学良师的教育理想不一定能够实现。在周而复始的日常教学中，在教书育人的职业生涯里，有的时候，理想似乎得到了完美的实现；有的时候，理想被现实割裂得七零八落。不过，将自己认同于学者和师者的大学良师定会执着于自己的教育理想，无怨无悔不求所得地践履教书育人的神圣使命。

---

① 转引自曹云雯《自省与誓言：师者何为?》，张建东、王菊主编《追求卓越教学的探索与分享》，云南大学出版社 2013 年版，第 2 页。

第二节　良师的课内之"教"

课堂是教师之"教"主导学生之"学"的重要时间和场域。大学良师高度重视课堂教学，他们的讲授，把知识结构和精要的知识教给学生，帮助学生"接知"，帮助学生理解"所以然"；他们的研讨课，鼓励学生大胆质疑，引导学生勇敢探索未知领域。

一、第一课是教师"开路带头"的首要之举

教师的讲授是学生接触新知识的主要途径，课程教学的第一课就是教师将学生领入课程学习领域的首要步骤，在教学中有着举足轻重的地位。在云南大学本科教学督导团和教师教学发展中心 2014 年 12 月向全校教师发出的《关于精心设计开学第一课的倡议书》中，金子强教授这样写道：

> 第一课都是体现课程学科魅力的重要环节，是教师展现个人风采的登台之举，也是学生步入课程领域的开门之路……
>
> ……
>
> 从教学内容看，第一课是课程的绪论，不但要介绍课程的框架、结构、内容、章节；还要介绍课程的前沿学术话题，昭示课程的应用与发展前景，概括本课程的学术特征、精髓与灵魂；更要使学生明白课程的学习目标、

学习任务，以及成绩评定规则。……

从教师的角度看，第一课类似京剧舞台上帷幕甫开时主角的"亮相"，或稳健、倜傥、舒展，或温婉、都雅、娴静，总是要追求"碰头彩"效应。教师应通过第一次课展示自身的人格魅力、研究专长、理论功底与学术信仰，营造出教学现场的灵动要素，勾勒出师生对课程的美好愿景。

从学生的角度看，第一课是教师和学生的第一次接触和碰撞，嘤鸣求和，自然不可小觑。教师的现场讲授，以及所选择的课程内容，所设计的教学目标、学习任务和成绩评定方式，都将在学生心中形成课程的第一印象。第一印象具有晕轮效应，第一印象好，学生会给课程和教师投抹上金色的光环，将好的想象与求知期待加诸其上；第一印象不佳，比如感到教学设计松散，语言干瘪，教师精神涣散，言不及义，学生易给课程和教师投抹上黑色的光环，丧失学习兴趣，以后要改变这种状况，大抵事倍功半。①

诚如金教授所言，第一课是教学的开门之路，决定着整个课业教学进程的走向。其中，厘定课程目标和成绩评定规则

---

① 原文为金子强《关于精心设计开学第一课的倡议书》，《云南大学报》2014 年 1 月 12 日。本节选有删改。

有着重要的导向作用。云南大学校级督导，公共管理学院教授杨勇在 2015 年春季学期的教学督导中观察到如下"开学第一课"的片段：

课堂中，教师完成了本学期课程的基本介绍，给同学出了一个题目：你对本学期课程有什么期待？同学们七嘴八舌，各自描述着自己希望在本门课程中的收获。原以为教师仅仅是想通过这样的提问了解学生的需求，以便在教学中加以注意。没想到，教师又要求学生将自己的期待以文字的形式记录下来，希望同学们随时审查学习过程中是否关注到了自己的期待，使同学们随时调整学习目标，并在期末时检验期待目标实现的程度。可想而知，明确的目的性和按照目标去学习的主动性，一定会给同学们带来不一样的动力。这位教师在课程伊始不但介绍课程概况，还让学生厘定学习期待，这无疑是激活学生的学习兴趣和学习动力，将学生领上主动学习正途之"教"。

二、传授结构化的知识

研习高深知识是个复杂的认知建构工程，青年大学生尚不能鉴别真知和谬误，尚未找到高深知识研习之途。因此，他们期待着智识优先的教师通过传授体系知识来帮助他们"开路带头"。

在学生的认知结构中，知识结构居于"上位"，是学生"同化"具体的"下位知识"的前提，也是所学知识形成体系的保证。大学良师正是通过传授结构性的知识来将学生引入高深知识研习领域。例如，研究古生物学的张喜光教授为本科生

开设的通识教育课程是"化石:认识生命的起源"。谈起这门课程的教学目标,他说:

> 我上这门课是希望删繁就简地让学生通过学习掌握地质学最基本的、根本的知识。①

同样地,教新闻学的保斌老师指出:

> (学科知识)结构是否存在、是否科学、是否系统,可以说就是判断专业学习成果和水平的一个重要标准……我们的教学难点就在于,要让学生在他(她)的知识地图中将专业术语间的概念关系呈现为一个知识的网格结构。这个网格结构也是一张专业思维脑图。……它将是我们现在和以后的专业学习中描述和分析新闻传播活动与现象的学科视角与思维方式。②

经典、前沿的结构化的知识有助于学生从整体上把握知识,并从中找到自己的兴趣点。北京大学社会学系 2004 级学

---

① 摘自张喜光教授 2011—2015 年给云南大学教师教学能力研修班所做专题讲座。

② 保斌:《专业术语教学琐探——从新闻学概论的"名词解释"说起》,张建东、王菊主编《追求卓越教学的探索与分享》,云南大学出版社 2013 年版,第 25—26 页。

生唐泽远用"由'勺'而'海'"和"为我们的眼界打开一扇扇新窗"来比喻良师所传授的体系性知识对于自己的影响：

> 老师讲的精彩处，全是历史上的横向延伸和前沿交叉内容的扩展，课上听得沉醉之余，才发现涉及的内容广博到一望无际，要想把这门课学得好，需要课下花大量的精力和时间去了解和掌握，而且即便这样，也不可能穷尽这方面所有的相关内容。虽然这样学习起来要达到"完全掌握"的状态，是不可能的事，但是凭自己的能力去主动寻找知识，的确乐在其中，而且不知不觉间，学习能力已有大幅增加。①

"生有崖而知无涯"，知识的海洋是浩渺无垠的，大学良师通过编撰教学提纲、精选阅读书目、传授知识结构、讲解知识精要，以及精心设计课程作业和检测标准等教学环节来帮助学生在有限的时间里学习尽可能多的知识。

三、帮助学生"接知"

新知识的学习和传授绝非一件简单的事，高等教育所对应的高深知识尤其如此。陆靖教授曾经讲过他在复旦大学的一件教学"趣事"：

---

① 唐泽远：《由"勺"而"海"——北大给予我的教育》，李彤、王蓓主编《未名湖畔好读书：北大课堂之印象》，北京大学出版社2007年版，第132—134页。

某天，陆老师刚为学生上完"物理化学"课。

一名学生走上来对陆老师说："老师，您讲的课，我听懂了；可是，回去看书，我又不懂了。这是为什么呢？"

陆老师对他说："那是因为我在课堂上讲的话是书上没有的。"①

大学生为什么看不懂教科书上的知识呢？对此，国际数学教育委员会前主席、荷兰数学家 H. 弗赖登塔尔有着精辟的揭示："没有一种思想，以它被发现时那个样子发表出来。一个问题被解决以后，相应地发展成一种形式化的技巧。结果使得火热的思考变成了冰冷的美丽。"② 高深知识，特别是那些写入教科书的知识大多是省略了火热思考过程后冰冷美丽的结论，如果缺乏引导和讲解，青年学子不但难以理解这些知识，甚至误以为它们不过是枯索的教条，从而错失亲近真知的机会。

如陆老师一样，大学良师的讲授之所以能够"用书上没有的话"帮助学生理解"冰冷美丽"的知识，是因为他们的讲授在学生的已知和新知之前搭起了"支架"，这正是我国教育

---

① 来自陆靖在"云南省高校 2013 年文学、理学骨干教师培训班暨云南大学第 10 期、11 期教师教学能力研修班"的专题讲座"今天我们如何教学"，昆明，2013 年 11 月 24 日。

② 转引自马知恩《怎样讲好一堂课》，《中国大学教学》2013 年第 6 期。

家陶行知所说的"接知"①。善巧的大学良师能够通过提问、比喻、类别、形象化等手段精到地"打开"高深知识，激活和调动学生原有知识来理解新知，从而使高深知识"嵌入"学生已有知识结构。

再如，研究"审美人类学"的向丽老师在讲授马克思主义美学理论之前，向学生抛出的引导性思考题是"美如何介入现实生活？"② 这个问题巧妙地将学生的切身美感体验与马克思主义美学研究的现实主义传统结合起来，向老师希望借此帮助学生把先哲的思想"嫁接"到他们的已有知识里。

帮助学生"接知"是最有难度的高阶思维活动，唯有深入研究真知和学生的师者才能够帮助学生成功"接知"，而这正是大学良师的研究与教学的融通。为了能够帮助学生"接知"，大学良师须在熟稔知识及其脉络的基础上，准确把握教学的重点和难点，并把自己换位到学生的角度，寻找他们理解知识的可能路径，然后将精要的知识清楚透彻地阐释出来，帮助学生排除认知障碍，打开理解新知的窍门。

以下来自作者的课堂观察所记录的是曾莹老师帮助学生

---

① 关于知识的学习，我国教育家陶行知做过一个精辟的比喻："接知如接枝。"他说，我们必须有从自己的经验里发生出来的知识做根，然后别人的相类经验才能接得上去。转引自王策三《教学论稿》，人民教育出版社 1985 年版，第 119 页。

② 来自云南大学教学督导王晶老师 2016 年 9 月 1 日的课堂观察和本文作者 2018 年 3 月 26 日对向丽老师的访谈。

"接知"的一个实例：

2017 年 11 月 8 日，我去听曾老师为本科生开设的课程。这次课的内容是评析《红楼梦》后四十回。

曾老师提前 10 分钟来到教室，随即播放《枉凝眉》等 87 版电视剧《红楼梦》的歌曲，提前营造出浓郁的教学氛围。

曾老师的课件背景古雅精致，深契主题；逻辑关系分明；每一张课件上的文字均是要言不烦，字号洽适，层次清晰，若有生僻语汇皆以横线划出。她的板书，书写漂亮，布局合理，灵动有致地展示出课堂教学的思路与线索。

在她领着学生回顾上节课的教学内容时，我感到她对整个"红学"研究的古今、脉络、体系、代表成果及其不足已了然于胸。因此，她说起任何一个抄本、刻本或藏本皆能进行触类旁通的评析。

进入本次课的主题后，曾老师首先分析了后四十回中写到巧姐的段落以及由此呈现出的巧姐形象："奇长其缩，快长快缩。"随后，曾老师以此人物形象塑造之错乱来揭示续写之拙劣。接下来，曾老师精拣出前八十回和后四十回描写黛玉的 4 个不同场景，进行比照，帮助学生品鉴曹雪芹与高鹗迥然不同的志向、文才和人格……清晰准确的分析，诙谐幽默的调侃，令同学们不时发出会心的笑声。

下课时，我注意到坐在我前排的女生还捧着原著全神贯注地读着，完全没有意识到已经下课了。①

曾莹老师的讲授，以学生的"已知"——《红楼梦》原著写得好，续写不好——为教学的起点，通过细致比照曹雪芹与高鹗所塑造的巧姐和黛玉的不同形象来拓展这个"已知"，从而将学生引入深度品鉴文学作品的"新知"领域，并点燃了学生的求知渴望——我们看待"一个好学生"②学生欲罢不能地想要继续深入探究，这样的"教"无疑是指向"让学"的"教得好"。

四、教其然更教其所以然

"授之以鱼不如授之以渔"，大学教学既要教"其然"，更教"其所以然"。在知识变得便捷可得的信息时代，教"其所以然"也才能体现师者的不可替代性。

启发式教学是帮助学生学会理解"其所以然"的有效方法，"会教"的大学良师大都按照这种思路来研究教学并传授知识。教授"高等数学"的索剑峰老师指出：

在教师对讲述知识非常熟悉后，才能了解和思考书

---

① 摘自笔者2017年11月8日的课堂观察记录。

② 在这堂课上，笔者虽然只看到一位学生的求知渴望被点燃了，但是，正如汪曾祺所言，"一个人一生哪怕只教出一个好学生，也值得了。"

的作者或者定理命题的证明人当时是怎样去思考这个问题的，为什么使用这样的方法和技术路线。对这些东西都基本理解和掌握后，教师就具有了设计启发式教学的良好基础。如果教师只能看懂内容，而没有对内容出处的思考，那根本谈不上启发式教学。

他的具体做法是：

　　我会专门把一块黑板当作草稿纸，罗列出一些东西：要证明一个命题，先从条件出发——让学生思考由这些条件可以得到些什么，得到的这些东西中哪些可能会是有用的；再从结论出发——需要这个结论，我们可以从哪些东西得到，然后找出其中的切入点，挖掘出最终的证明过程。通过诱导提问等方式整理出整个定理的证明过程后，再在正式黑板中演绎的写出整个过程。如果是使用多媒体辅助教学，那么分析思考整理的过程会写在黑板上，而最终的证明过程用 PPT 展示。通过这个过程，学生参与到了问题的思考中，而不是坐等教师写出答案。主动性和被动性会有明显的区别，学生参与感越强，对他们的锻炼就越大，对他们今后独立分析问题能力的提高也就越有帮助。

关于大学教学，施莱尔马赫曾经指出："教师必须使其所

讲在听者面前形成发展，他不必讲述他所知道的东西，而是要
再现其自己的认知活动本身，使学生不仅仅不断地接受知识，
而同时观察到理性在发现知识中的活动过程，并在观察中仿
效之。"① 启发式教学能够帮助学生像科学家和先哲那样思考问
题，这种"再生产科学"的认知和思考过程正是培养学生理性
思维能力的过程。

五、好的讲授课融真善美为一体

为了使学生的心理定向于高深学问，大学教师首先要做
的就是让学生感受到高深学问的魅力，从而将学生感召到一个
智识得以增长的世界中来。教师对于学生的这种感召力既来自
高深学问，更来自其人格魅力。

拥有高深学问、笃信科学且热爱教学的大学良师能够以
自己的教学让学生真切地感知到真理的力量，从而点燃学生心
中对于真善美的渴望。据北京大学丘维生老师介绍，他通过类
似"解剖麻雀"的方式来讲授近代数学发展史上最深刻最伟大
的伽罗瓦理论②：

---

① 陈洪捷：《德国古典大学观及其对中国的影响》，北京大学出版社
2003 年版，第 52—53 页。
② 在数学发展史上，伽罗瓦理论彻底解决了一元 n 次方程是否可用根
式求解的问题，从而推动了代数学从研究方程的根为中心转变为以
研究各种代数系统的结构及其态射为中心，由此，代数学走向了抽
象代数学时代。是故，伽罗瓦理论成为古典代数学走向近世代数学
的分水领。

讲授过程中，丘老师一边讲解一边板书。

他首先完整推导和呈现用根式求解一元 n 次方程的具体步骤。

然后，他以一个可用根式可解的方程为例，带领学生一起探索为什么这样的方程是根式可解。由此，他领着学生抽象化地猜测出方程根式可解的判别标准。

最后，他带领学生一起论证这个猜测，从而得出了伽罗瓦基本定理的 4 个结论。①

丘老师的课堂讲授，通过自己的语言和板书向学生再现了伽罗瓦想出这个重大数学发现的完整思维过程：观察—抽象并建立模型—直觉探索—猜测—论证。在这个"再生产科学"的过程中，大学良师带领学生一起用他们的"火热思考"赋予"冰冷美丽"的高深理论以生命的温度，是生动鲜活的科学研究"仿真"过程，对于学生的理性思维能力训练是极为有益的。

听过丘老师的课的学生这样描述他们的课堂体验：

（印象最深的是讲到二次曲线分类的 17 种二次曲线的时候）丘老师一个一个完整地写在黑板上，吁了一口气，站在一旁静静地看着满黑板的公式，然后微笑了。其实

---

① 笔者改写自丘维生《用数学的思维方式教数学》，《中国大学教学》2015 年第 1 期。

在他写板书的时候，我一直有点不耐烦，这些东西书上都有啊，这么费劲干啥。直到看到这个表情，我惊觉此时的丘老师，就好像佛者拈花微笑一般，在欣赏数学无限的美，简洁而又充分，清晰而且完整。寥寥几块黑板，如同写满宇宙的至理一般。或者那就是我学会欣赏数学的开始吧。

有限的一点文字实在无法充分诉说丘老师带给我的感觉，但我想对于每一个06级上过他老人家课的学生们，也许很多人会不知道他参加1961年高考以4门满分、平均分98分勇夺全国高考状元，会不知道他的乘子猜想，但都会永远记得他那充满激情的讲授和严谨的作风。他向我们展示的数学之美及对我们入微的关怀。这一切会像一个印记，在我们生命中烙过一次，就永远不会消逝。①

丘老师在课堂教学中"充满激情的讲授和严谨的作风"既传授了高深学问之"真"，也传递了高深学问之"美"，这种真与美相统一的教学将学生引入到学问渊深和道德高尚的世界。

---

① 陈劼祺：《展现数学之美——记丘维生老师和他的"解析几何课"》，李彤、王蓓主编《未名湖畔好读书：北大课堂之印象》，北京大学出版社2007年版，第46页。

六、研讨课应引领学生探索未知

好的研讨课既促进学生掌握新知，也培养学生的理性思维能力，最高层次的研讨课则引领学生探索未知领域。20世纪40年代赴美国芝加哥大学攻读博士学位的杨振宁从泰勒①等教授的教学中深切地体会到这样的研讨课：

泰勒教授在物理学中的许多直觉的见解不一定都是对的。不过，没有关系，只需要百分之十是对的就行了。而且，他不怕自己讲的见解可能是错的。这给了我很深的印象。②

他（指泰勒教授）不怕把错的想法讲出来。你跟他讨论的时候，如果你指出他的想法有什么缺点，他很快就会接受，然后通过跟你讨论，这些想法就会更深入一层。换句话说，他对于他不完全懂的东西不是采取害怕的态度，而是面对它、探索它，这个对于我有很大的启发。③

————————————

① 泰勒（Edward Teller，1908—2003），匈牙利出生的美国科学家，后被誉为"美国氢弹之父"。
② 转引自杨振东、杨存泉编《杨振宁谈读书与治学》，暨南大学出版社1998年版，第32页。
③ 1995年6月9日，杨振宁在华中理工大学名誉教授受聘仪式上的讲话中所言。杨振东、杨存泉编：《杨振宁谈读书与治学》，暨南大学出版社1998年版，第38页。

杨振宁于 1948 年做博士后期间完成的《一个粒子湮灭成两个光子的选择定则》正是在某次每周例行的教师研讨会上受到来自泰勒的直觉观点的启发而完成的，事情的经过是这样的：

> 有次讨论会上泰勒说，他听说在伯克利有人发现了所谓不带电荷的 Π 质子，而且这个 Π 质子会衰变成两个光子；他又说可以证明这个质子自旋是零。于是在座的人就问他怎么证明，他就在黑板上写出一个证明。但这个证明很快就被我们打倒了。大家指出他的证明没有想清楚，想得太快。可是当天晚上回去后，我想他这个证明虽然不完全，可是却走了第一步，再走两步不仅可以得到他所讲的结论，而且可以得到更新一些的结论。所以过了几天，便找到了正确的选择定则，我就写出了一篇文章，题目是《一个粒子湮灭成两个光子的选择定则》。……①

从上述记述中可以看出，泰勒教授对于科学前沿的大胆假设和与会者对于假设的质疑让年轻的杨振宁深受启发，泰勒教授无所畏忌的勇敢尤为让杨折服。

---

① 杨振东、杨存泉编：《杨振宁谈读书与治学》，暨南大学出版社 1998 年版，第 38 页。

泰勒教授昭示未知的前沿方向的引导让杨自身亲历并受益于这种自由探索而写出文章更是让杨深切地体验到"自己走""不怕出错"的"破土"勇气对于科学研究之必要和重要。可以说,杨振宁后来作出的科学建树与这种受教育经历是密不可分的。

第三节 良师的课外之"教"

课程学习不同于学生自学的地方在于有"某个教师的在场"的"如此这般"① 的全程指导。大学良师深知,"学"是"教"的立足点。如果没有"学","教"的意义是极其有限的。因此,他们不但重视课堂教学,而且投入大量时间批改学生作业,为学生答疑解惑。这些课外之"教",指导并陪伴着学生的学习进程,是实施个别化指导并保障学生学有所得的重要环节。

一、为学生"量身定制"学习的内容、进程和任务

大学良师深知,教学内容应落在学生"跳起来够得着"的"最近发展区",既不能重复学生的已知也不能超越他们的可接受程度,让学生望而却步。为此,他们会根据学生实际

---

① 海德格尔在指出"教所要求的是让学"之后还指出,"让学能否发生,发生的效果如何,显然取决于能够指导他如此这般的某个教师的在场"。转引自李茵、黄蕴智《教比学更难》,《北京大学教育评论》,2015 年第 2 期。

"量身定制"教学内容。例如，教"现代人文地理学"的蔡葵老师在充分了解研究生兴趣的基础上确定教学选题：

> 在对整个学科的理论、方法、走向等做详细介绍的同时，我让学生根据自己的兴趣对分支学科进行选择，每个学年根据学生的选择结果，对学生有共同兴趣的分支学科安排较多学时进行详细的讲解，并组织对其前沿进行讨论；对于没有学生选择的分支学科进行简要介绍，仅要求学生把握其基本脉络；对少数学生有兴趣的分支学科，则辅导选择的学生查阅资料，总结分析后由其在课堂上进行介绍。①

阅读是最主要也是最重要的学习方式。因为，人类所发现的真理大多通过语言文字来记录和传承。大学良师坚信，熟读精思书本知识是学生掌握前人已发现真理的根本途径。因此，对于学生不读书或不认真读书的现实问题，他们总是积极寻找解决的办法，而不是像其他老师那样抱怨或束手无策。例如，教文学的蔡丽老师是这样做的：

> 有的时候，逼着学生读书，成为上课的一个主要目

---

① 蔡葵：《谈参与式方法在研究生课程教学中的应用》，张建东、王菊主编《追求卓越教学的探索与分享》，云南大学出版社 2013 年版，第 191—194 页。

的。方式有各种：让学生首先读作品，讲作品之前先提问、讲解过程中提问……课堂发言要打分，诗歌和散文直接带到课堂上来阅读、朗诵……总而言之，堵死每一条不读书的道路。①

学习任务是驱动学生学习的重要抓手，是落实和保证学生学习主体地位的唯一方式，也是学生能够学有所获的根本保证。因此，大学良师精心设计课业任务，以驱动学生学习。

再如，索剑峰老师是这样要求和批改学生作业的：

每学期开学时，我都会强调我对作业的重视程度，也会提出一些具体的要求。我的习惯是每周都收全部学生的作业，一次课收，另一次课发。收上来后马上认真进行批改，60 人以下的班级，每本作业都批改；60 人以上的班级，分单双号或者专业批改一半，另一半只进行交作业登记……每周每门课我批改作业的时间大概 3—5 小时，应该说花的时间是比较多的。②

---

① 蔡丽：《文学教学中的心得体会》，张建东、王菊主编《追求卓越教学的探索与分享》，云南大学出版社 2013 年版，第 109—110 页。
② 索剑峰：《大学中以练促长、激发兴趣的启发式教学》，张建东、王菊主编《追求卓越教学的探索与分享》，云南大学出版社 2013 年版，第 141 页。

可以得知的是，无论倾听学生的学习建议，还是"逼着学生读书"，或是批改作业，大学良师都得投入大量的精力和时间。因此，只有那些有教学责任感和使命感的大学良师才会本着对学生负责的态度自觉去做这些课堂教学之外的"教"。

二、通过形成性检测和反馈推进课业进程

诚如前哈佛学院院长哈瑞·刘易斯所指出的，教师在"课业教学进程"中对学生的检测和评分是重要的教育机会。大学良师通过布置书面作业和课堂演示任务等方式来驱动学生学习，推进课业进程。例如，曾莹老师是这样布置和批阅学生作业的：

> 我布置的作业，学生是找不到抄袭的地方的。比如，续写《红楼梦》不完整片段，学生不但没法抄袭，而且，如果不读完全书，是很难写出来的。能够写出来的同学，一定用心了。所以，我都是自己批阅，写评语，认真设计讲评课。学生用心来做，我得用心来改。①

"学生用心来做（作业），我得用心来改（作业）"——如此真心相契的师生关系，知识和德性怎能不从教师身上融注给学生呢？

教师对于学生作业的及时反馈是推进学业进程的关键环

———————
① 笔者 2017 年 10 月 13 日访谈曾莹老师所得。

节，来自教师的肯定和鼓励激励学生学得更好，纠错和批评则帮助学生排除学习障碍，避免再犯同样的错误。对于学生的数学作业，索剑峰老师是这样批改和讲评的：

> （收上来的数学作业）必须要及时地批改并反馈给学生，学生的思维能力没有教师的那么成熟和有序，他们对一道题目的思考相对盲目一些，走的弯路会比较多，最后的结果也不一定正确，即使错误，可能自己也无法发现……（我）对于每本作业，勾画出有错误的地方，并简单标注错误的原因，对于整体思路有问题的，要求上课听评讲。对于有雷同的作业，我会用铅笔在作业本上标注出另一个同学的名字，提醒学生要独立完成，不能抄袭……作业批改后，很快返还到学生手上，马上进行评讲。这个时候，学生对前几天做题时的思路还比较清楚，结合我所讲的对比他们做的，学生就更容易发现他们出错误的地方和原因，并及时给予修正。如果几周或者一章结束才收一次作业，此时作业评讲的效用会大大降低，学生已经无法把教师所讲和当时自己所想结合在一起，很难引起他们的共鸣和进一步的思考。①

---

① 索剑峰：《大学中以练促长、激发兴趣的启发式教学》，张建东、王菊主编《追求卓越教学的探索与分享》，云南大学出版社 2013 年版，第 141 页。

索老师及时批改作业，将批改过的作业尽快反馈给学生并马上进行讲评——他"趁热打铁"施教的用心在于根据学生的思维节奏适时指导，以帮助学生在最有效的时间内准确掌握教学内容。

当然，除了通过作业把握学生学习情况，有心的教师还通过随机交流、课后答疑等正式和非正式的方式了解教学效果，把握学生"学得如何"。然后，他们根据学情反馈信息调整下一次（或下一轮）教学。由此，"教"与"学"得以持续改进并不断趋近预设的教学目标。

三、课外之"教"尤甚于课内之"教"

汪曾祺在回忆西南联大的文章中曾经写到，沈从文对学生的影响，课外比课堂要大得多。[①] 有关事实也证明了汪曾祺的这一判断：

> 他（指沈从文）非常强调写作，交给学生各种习作技巧，要求他们以各种文体来写作；对学生的习作他不厌其烦地批改，尽全力帮助他们进步；发现好的文章，尽全力帮他们发表；支持学生创办《旭日》月刊，鼓励他们发表文章，激发他们的写作热情。[②]

---

① 汪曾祺：《沈从文先生在西南联大》，转引自陈洪主编《大学语文》，高等教育出版社 2009 年版，第 109 页。
② 转引自张意忠《民国大学教授的教学特点及其启示》，《高等教育研究》2015 年第 5 期。

沈从文"不厌其烦地批改（学生作业）"是在将每个学生的学习不断向前推进，这样的因材施教正是教师"教会"学生最有效的方式。

我国教育家叶圣陶指出，"教是为了不教"。确然，最好的"教"就是"教会"学生自己去学习，这一常识性真理也是大学良师的教学体验。例如，索剑峰老师这样看待课外之"教"：

> 对教师而言，如何引导同学下课后进行思考；如何能够让学生在所学知识中融入他们自己的想法；如何引导学生在学习了课本知识后，再去涉猎更多的相关课外知识，都是值得我们去探索的。做好这些事情，远远比上课时能够讲清楚某个定理的证明，或者完美的展示某道题目的求解过程要有用得多。①

然而，在大学教学式微的情势下，一些大学教师将课程教学简化为"上课"。他们不愿意花时间批改作业，也不可能"不厌其烦"地与每个学生展开学术交流。

---

① 索剑峰：《大学中以练促长、激发兴趣的启发式教学》，张建东、王菊主编《追求卓越教学的探索与分享》，云南大学出版社2013年版，第31页。

第四节 "打分"、鼓励和批评都出于"教育爱"

以善先人者谓之教，大学良师之"教"是为了使学生朝着好的方向去成长和成熟。因此，他们在教学和师生交往中总是按照自己所秉持的价值观念去评价学生的学习，去鼓励或者批评学生。无论教师的价值观念是清晰自觉的，或是"日用而不知"，这些价值观念都决定着"教"的指向，并对学生有着深远的影响。

一、"打分"是具有教育意义的手段

从知识社会学的角度来看，书写、评分、考试，以及口试、辩论等教育实践方式既是生产及传授知识的制度，也是控制学习者及令该种知识有效地被内化的权力机制。[①] 大学教师对于学生所掌有的"打分"、评价等奖励或处罚的权力，既基于社会的职业赋权，也基于他们所拥有的专门化高深知识。

在课程教学进程中，"打分"等教学评价手段是连接课程教学各个环节和细节的有效工具。众所周知，学生总是对考试中可能出现的问题更加关注。毕竟，分数是学术领域的"流通货币"，它表征着学生的学习能力和学习成就，决定着学生能否获得奖学金，能否获得升学资格，甚至影响着学生的就业。

---

① ［美］霍斯金（Keith W Hoskin）：《教育与学科规训制度的缘起》，李金凤译；［美］华勒斯坦等：《学科·知识·权力》，刘健芝等译，三联书店1999年版，第77—79页。

大学良师深知"打分"对于学生的意义，他们审慎用权，既通过考试促进学生学习，也保证"打分"的公正性。例如，北京大学的一位老师这样介绍自己的期末考试命题：

> 考试如果采用让学生写篇期末论文的形式，我觉得对学生最不负责任，无论是研究生还是本科生。……你能保证学生一年写那么多作业都是有质量的作业吗……所以，我希望学生把应该记的基本东西能够记住。……你不要上七八门、十来门课，门门都要求写论文，瞎扯吧。所以，我的考试都是闭卷考试。①

然而，在我国当前的大学里，一些教师不认真对待课程考试，一些教师不会编制课程试卷，以致一些课程的考试流于形式，学生所得分数不能反映真实的学习情况。例如，南京大学陈道蓄曾经这样谈起一些课程的考试情况：

> 像计算机的算法、数学以及工科的很多课，说起来都是要培养学生的能力。但你去看看考卷，80% 都是概念题，比如选择题、填空题、简答题。所有这些题，其实就是只要你把概念背出来，就能做出来。

---

① 林小英、宋鑫：《促进大学教师"卓越教学"：从行为主义走向反思性认可》，《北京大学教育评论》2014 年第 2 期。

前些时候，我们抓到一个学生考试作弊。……他是怎么作弊的呢？他拿了一个手机，上面有跟考试相关的内容，被监考老师发现了，这个学生是应该受处分的。但是，反过来问这个出题的老师，现在是网络时代，你出的考试题目，学生用手机上网一秒钟就能查到答案，这样的题目还值得考吗？①

为了促使学生系统梳理学习内容，也为了客观、全面而公正地评价学生的学习投入和学习效果，试卷应覆盖课程教学内容，难度适当，具有较好的信度、效度和区分度。这种科学化的成绩评定才能够让学生学有所得，也才能够让学生信服于教师对于自己的"打分"。

二、"打分"虽然有用，却不是最重要的

长远来看，分数的主要意义在于围绕课程建立起师生之间的交流，而不在于通过分数区分和比较不同的学生。因为，教学和教育的评价对象是复杂完整的学生个体，无论是打分还是写评语，任何测量方式都不可能给学生的能力作出完整准确的判定，对于成长中的青年大学生更是如此。

当然，由于分数的实际功用，大学教师的"打分"始终面临着鼓励学生钻研高深学问或是导致学生"避难趋易"的两

---

① 陈道蓄：《把学生能力培养对应到教学的每个环节》，转引自黄达人等《大学的根本》，商务印书馆 2015 年版，第 385 页。

难选择。为了解决这个矛盾，2004 年的哈佛评估报告曾经提出这样一个评分建议："对半数的一年级课程不应该评分，理由是：让新生'选课时不必承受字母分数带来的心理负担'。"①

深谙教育意义的大学良师会劝诫学生不要太在意分数，他们通常也能够善巧地利用分数来批评或肯定学生。例如，前哈佛学院院长哈瑞·刘易斯这样认识"打分"：

> 我们用高分来鼓励学生，用低分来表示对学生的失望。我们让学生不及格，是希望他们能从疏忽大意的代价中学到些什么②
>
> 我经常忠告学生认真学好每一门课程——这才是最重要的，不用去担心自己会获得怎样的分数。③

北京大学中国语言文学系 2003 级学生刘纯曾经记述过两位北大老师对自己的"打分"的趣事：

> 我至今还记得大三上学期那惊心动魄的最后一周，

---

① ［美］哈瑞·刘易斯：《失去灵魂的卓越》，侯定凯译，华东师范大学出版社 2007 年版，第 105 页。

② ［美］哈瑞·刘易斯：《失去灵魂的卓越》，侯定凯译，华东师范大学出版社 2007 年版，第 7 页。

③ ［美］哈瑞·刘易斯：《失去灵魂的卓越》，侯定凯译，华东师范大学出版社 2007 年版，第 119 页。

那个时候我还有五篇论文没写……写最后一篇论文的时候，我实在没有那个心力将自己的观点诉诸文字，万般无奈之下，我将其他课程的论文转移过来充数。事后我知道两门课程的老师曾经就我那篇论文进行过交流，对其质量大加好评，因此，当我看到最后的成绩 89 分时，我愿意将其理解为一个善意的警告。①

同样地，新东方总裁俞敏洪曾经介绍过其学生时代一位北大老师在"打分"上对自己的宽容和鼓励：

大学毕业前，我因为有门功课不及格面临不能毕业的危险，我就去找任课老师。老师答应给我一个及格的分数，并对我说，"希望你将来作出对得起这个分数的成绩"。②

"希望你将来作出对得起这个分数的成绩"，这是一位善意的教师对于学生的宽容，对于青年的发展潜力的信任，而来自教师的信任是产生罗森塔尔效应的神奇的教育力量——俞敏洪后来的成就在一定程度上证明了这一点。

---

① 刘纯：《怀念我的本科学习生活》，李彤、王蓓主编《未名湖畔好读书：北大课堂之印象》，北京大学出版社 2007 年版，第 172 页。
② 俞敏洪：《要为做人的使命感而活着》，《中国青年报》2014 年 3 月 2 日。

三、通过鼓励引导学生学习

教师奖励或者处罚学生的专业权力不仅表现在"打分"方面，更通过课程教学中的日常性的交往体现出来。

"教得好"的老师，他们听得出学生课堂回答里的破绽，看得出学生作业中的创造，他们能够鼓励学生朝着他们擅长的方向去发展，这正是教育事业的核心要义。北京大学历史系2007级博士生李鸣飞曾经这样介绍自己在阎步克老师影响下选择学习历史学专业的故事：

> ……那本《西周史》彻底粉碎了我对历史学的向往，既不知道他在说什么，也知道说这些有什么用。郁闷之下打算写信给先生，问问历史究竟是怎么回事。……
>
> 回信来得很快……关于喜欢历史的原因，竟然也得到了回答，印象中记得先生说他喜欢在碎片中拼接处最接近历史真实图像的那种感觉。我想当时我并不能理解那种"喜欢"，夏虫何足语冰。然而，我很感动，因为我觉得他很认真地告诉我他的理由和感觉，并不打算敷衍，也没有说大道理来教训人。……
>
> ……
>
> 免试推荐和考研的两封推荐信都是先生写的，其实现在想来，那个时候我完全是历史学的外行，远未达到进入历史系读研究生的水平，先生只是因为我的兴趣和傻乎乎的坚持而努力帮助我。

……①

捷克教育家夸美纽斯认为，人生来便具有"学问""道德"和"虔信"的"种子"，但是，它们的发展完全取决于人所受的教育。② 教师的鼓励无疑是培植学生"种子"发芽生长最好的雨露。

四、通过批评让学生在挫折中成长

批评是真诚而严肃的师生关系的应有之意。因为，成长中的青年学生有着多种发展可能性，也存在着错过发展机会甚至误入歧途的危险，他们需要智识优先的教师的指点和帮助。为了学生的学业和未来福祉，大学良师敢于并善于介入学生的思维深处和内心世界，敢于按照真善美的价值准则教导学生，他们帮助学生从众多可能性中选择出适合自己的特定方向，并促进学生朝着这个方向不断改过迁善。例如，曾莹老师曾跟笔者聊起她与班里一位女生的故事：

> 在不少老师和同学眼中，她毫无疑问是班上最好的学生，无论从成绩排名还是用功程度。然而我看到的更

---

① 李鸣飞：《因为他，我选择了历史——我眼中的阎步克老师》，李彤、王蓓主编《未名湖畔好读书：北大课堂之印象》，北京大学出版社2007年版，第69—70页。

② 王天一、夏之莲、朱美玉编著：《外国教育史》（上册），北京师范大学出版社1993年版，第124页。

多是她身上存在的问题：基础不扎实，学习欠缺钻研的热忱，过分在意成绩与排名，学得太过死板，等等。所以在交流当中，我更多地选择批评。而从大三到大四，她跟我倾诉的次数逐渐增多，我也发现她确实能够经得起批评，甚至在批评中得到了成长。她后来进入复旦大学，也一样是在挫折中汲取力量、认清自己以及前路，不断成长。事实上，学生都是不同的个体，每个个体都有着不同的特质与性情。标签与一刀切，最不利于学生的成长。①

从曾莹老师与这位女生的交往经历来看，首先是曾老师以她的慧眼发现了女生的缺点，试着采取批评为主的教育方式。随后，女生懂得了曾老师的用心，虚心接受了批评，并越来越多地向曾老师打开自己的内心世界，曾老师亦从中发现了学生应对压力的潜能并帮助学生不断发展这种潜能。最终，女生朝着自己和曾老师都理想的方向越走越好。

然而，在赏识教育被无限推崇的当今中国教育界，严师出高徒的古训被不少人遗忘了，一些教师放弃了矫正学生行为和观念的责任。这是大学教育中学术标准和教学质量失范的表现，而这种良莠不分的教育导向让很多青年学子错失了改过迁善的时机。

父母之爱子，则为之计深远。大学良师对于学生的教育

---

① 笔者 2017 年 10 月 13 日访谈曾莹老师所得。

立足现在且指向未来，无论是鼓励还是批评，他们出自衷心地
关爱学生，真诚的教育爱① 让学生欣然响应他们的教学意图，
让学生自觉接受他们的要求和批评，让学生愿意向他们打开自
己的心扉。由此，师生之间建构起真正的教育关系。

第五节　行动研究：良师"越教越好"的法门

众所周知，教师职业是一项经验性职业，随着履职年限
的增长和教学经验的积累，教师变得越来越"会教书"。教师
积累教学经验的过程类似于社会科学研究中的行动研究，有意
识不断改进教学的大学良师的日常教学工作尤其如此。

一、目的：解决教学中的实际问题

行动研究是"对社会情境的研究，是以改善社会情境中
行动质量的角度来进行研究的一种研究取向"②，这种研究强调
将研究结果直接用来对待和处理社会问题，而不只是对社会现
实进行描述和论证。作为教学实践者的大学教师，他们勇于直
面自己在教学实际中碰到的问题，并想方设法解决这些问题。

---

① 教育爱（pedagogical love）指的是教师将学生看作一个正在成长和
　变化过程中的人来爱，即教师既珍惜学生的现在，也迷恋学生的成
　长。参见［加］马克斯·范梅南《教学机智——教育智慧的意蕴》，
　李树英译，教育科学出版社 2001 年版，第 89—90 页。
② 转引自陈向明《质的研究方法与社会科学研究》，教育科学出版社
　2002 年版，第 448 页。

例如，教"中国现当代文学"的宋家宏老师这样解决学生不读书的问题：

> 我们只能面对这一现实（指学生不读作品的现象），在备课与讲课的过程中部分地解决这个问题。比如在讲授内容中加强一些作品简介，在教学设计中加入一些阅读检查，在试卷中加大具体作品分析的分量。学生对教师的评说会代代相传，只要始终如一地坚持这样做，一段时间以后，学生们上我的课都知道读作品很重要，讲起课来效果相对要好一些。①

为解决学生不读作品这个实际问题，宋老师这样设计教学：在讲授中加强作品简介、检查学生阅读情况、考试时加大具体作品分析的分量。这个教学方案坚持实施一段时间后，学生渐渐知道读作品对于上课的重要性并开始读作品——学生不读书的问题得到了解决。

再如，教新闻的晋群老师通过改革课程考核方式促进学生学有所获，她介绍道：

> 我大胆地对该课程的考核方式进行改革，在强调学生日常报道和练习的同时，在期末考试的有限时间内采

————————

① 宋家宏：《教学是一门艺术》（五），《云南大学报》2017年6月13日。

用案例分析、实景模拟采访、材料分析等方式，对学生
掌握知识和技能进行实战性检验。五年来，这样的授课
内容和考试形式得到了一届届学生的认可和欢迎，他们
纷纷表示，在我的课堂上学到了非常实用的知识和技能，
而不像以往考试前背笔记、考完就忘记。①

"五年"——晋老师一直坚持自己实战性教学和考核——这也
是晋老师实施教学行动研究的 5 年，其结果是"学生学到了非
常实用的知识和技能"。

大学良师研究并解决教学实际问题所追求的是自己所理
想的教学境界。例如，曾莹老师把"尽可能穷尽相关作品"作
为自己教好"中国古代文学（下）"的愿景。然而，这门课程
涉及的作品是元明清文学，元明清时期的文学作品数量浩繁，
篇幅较之前代也更为可观，著名文学史家浦江清先生曾说过，
这门课的备课工作是最难的。② 怎么办呢？曾老师的做法是：

　　我每年新读一些作品，持续地读，每年修订一部分

---

① 晋群：《热爱——"教师教学能力研修班"学习心得》，张建东、王
菊主编《追求卓越教学的探索与分享》，云南大学出版社 2013 年版，
第 6—9 页。
② 曾莹：《美的开启与德的树立——小议"古代文学"教学与大学语文
教育之根本》，张建东、王菊主编《追求卓越教学的探索与分享》，
云南大学出版社 2013 年版，第 55 页。

内容，不断夯实，力求属于一己之得的东西越来越多。①

如同宋老师、晋老师、曾莹老师一样，大学良师正是通过这种类似于自然科学实验的不断调适的教学行动"作出"了越来越好的教学。

当然，由于科学研究和教学研究永无止境，即使教得再好，良师也会觉得还有遗憾，有待完善。对于卓越教学的不懈追求使大学良师在周而复始的一次（轮）又一次（轮）的教学中持续改进教学，他们的教学也因此超越了外在的规范和要求，并达致常人无法企及的境界。

二、方法：思辨和反思等自然主义探究传统

教学生活中，很多教师都会在有意无意间"研究"教学。

当看到什么新鲜事物时，他们会想到要把这些告诉学生。

备课时，他们琢磨：甄选哪些教学内容？采用什么方式？怎样安排时间？

讲课时，他们思考，学生听懂了吗？我是否需要讲得更清楚一些？

下课后，他们反思，今天的课感觉如何？哪些方面可以再改进一下？

还有，很多教师会与同事和家人讨论教学中遇到的一些困惑，或上网查询相关话题，以寻求更好的见解或者教学

---

① 笔者 2017 年 10 月 13 日访谈曾莹老师所得。

策略。

······

由教学工作的日常性和情境性所决定，教师研究教学并非一定需要使用明确的、事先设定的方法和技巧。而且，教学研究可以无时不在，无所不在，任何实物和艺术品都可以出现在研究中，① 这是自然主义的探究传统，也是人类最朴实最经常的研究活动。

当然，具有高度教学自觉的大学良师会有意无意地借助测量、统计等量化手段或者本土概念编码等质性手段对学生成绩、作业、课堂录音、邮件往来等教学资料进行分析，以便更加系统地把握学情和教学效果，更有针对性地改进教学。例如，刘谨老师在自己教授的"大学基础物理"课程中是这样做的：

> 每学期都进行一次个人授课评价的问卷调查，从学生中直接获得客观的意见，不断完善课程教学。②

如刘老师一样，大学良师对于教学的研究较之其他老师具有更强的反身性——他们能以"超我"的角色评估自我和自

---

① 范晓慧、朱志勇：《教师自我研究的何为与何能——兼评〈师的自我研究〉》，《教师教育研究》2015 年第 4 期。

② 刘谨：《基于科学精神培养的大学基础物理课程教学改革》，张建东、王菊主编《追求卓越教学的探索与分享》，云南大学出版社 2013 年版，第 29—33 页。

己的教学，从而觉知到自身教育教学观念中不合宜之处并予以理性批判，这是一种双路径学习，不仅促成教学行动的调整，也促成教育教学观念的改变。因此，他们的教学的整体变化会更加彻底、深刻、持久。①

三、过程和特点："行动中研究"

较之于服从"静观理性"的科学研究，情境性和对象性的教学活动更多地基于"行动理性"。因此，边行动边反思的"行动中研究"成为教学研究的过程和特点。

规范的行动研究是一个螺旋循环上升的发展过程，每一个螺旋圈大致包括"计划—行动—考察—反思"四个相互联系、相互依赖的环节。② 大学良师不断重复着的"备课—上课—总结—再备课—再上课……"的课程教学循环非常近似于螺旋循环上升的研究过程。

备课是教师开展教学行动的"计划"。大学良师认真备课，既是在精选教学内容，也是在精心设计课堂教学行动。例如，石鹏飞教授的教学体会是这样的：

上课一定要有讲稿或者教案，因为教学不是"脱口秀"，要有逻辑性。写讲稿是对自己负责，是为了保住上

---

① 陈向明：《搭建实践与理论之桥——教师实践性知识研究》，教育科学出版社 2011 年版，第 66 页。

② 转引自陈向明《质的研究方法与社会科学研究》，教育科学出版社 2002 年版，第 457 页。

课的底线。上课有超常发挥的状态，也会有失常发挥的状态，写讲稿是让自己在发挥失常的情况下也不至于太丢底。当然，讲稿的主要作用是梳理讲课的大致思路和框架，标注出需要重点讲授的内容，并一定要写得很完整。①

教师在上课过程中的"行动中反思"尤为集中地反映出行动研究的特点。"行动中反思"不同于行动前的准备性反思和行动后的总结性反思，它是教师面临实际教育情境中的问题或者突发事件的现场的即兴思考和当机立断的处置。

当教学过程中出现不良征兆或者突发事件的时候，教师需要马上采取行动处理问题，紧迫状态中，教师需要判断问题性质，分析教育情境，并迅速地把自己的感知、思维和行为方式结合为一种有原则的、快速反应的教学行动，这种"急中生智"是教师职业能力的核心。具有高超教学艺术的教师大都具有较好的临场应变能力，能够采取当机立断的行动化解现场的实践困境，或者创造出人意料的教学效果。例如，教"西方哲学"的刘玉鹏老师把自己对教学行动的适时调适戏称为"看菜吃饭"，他说：

> 我会看菜吃饭，适时调整上课和讲座的内容以及表

①　来自石鹏飞教授 2018 年 11 月 30 日在云南大学艺术与设计学院所作《德、学、识、才：大学教师应有的素质》的演讲。

达方式，让不同层次的听众听得懂，听得趣味盎然。①

再如，北京大学一位老师说道：

> 我想，师生关系确实还是有一种心灵感应吧，我会感觉到他们（指学生，下同）喜欢不喜欢我这个课，喜欢不喜欢我这个人。如果他们不喜欢这个课，我肯定就会要有所调整；如果他们很喜欢，我就会觉得不能辜负他们，然后就还是得有所提高。②

当然，大学良师常常在课后总结和反思自己的教学，并在下次课中进行修正。例如，北京大学一位老师这样说道：

> 我今天上课回来，（如果回想起自己在课堂上说的）某几句话没有说清楚，然后第二次又说了一遍，但我不会说得跟前一句话完全一样，会变换一种说法；或者说得结巴了，不流畅了，这一天的日子我都过得不舒服，我觉得好难受，特别对不起那些学生。③

①　笔者 2017 年 10 月 13 日访谈刘玉鹏老师所得。
②　林小英、宋鑫:《促进大学教师的"卓越教学":从行为主义走向反思性认可》,《北京大学教育评论》2014 年第 2 期。
③　林小英、宋鑫:《促进大学教师的"卓越教学":从行为主义走向反思性认可》,《北京大学教育评论》2014 年第 2 期。

在周而复始的"备课—上课—总结—再备课—再上课……"循环中，大学良师在真实鲜活的教育情境中开展"教育试验"，不断调适教学，从而使教学免于陷入陈陈相因重复劳动，教得好和教得更好不断被创生出来。

四、成果：越教越好和越来越"会教"

北京大学一位老师指出：

> 如果说科研的产出是出版的文章，那么教学就是用声音在写作。①

确然，教学行动研究的成果就是课堂教学等教学实践的行动和活动。

为了解决教学实际问题，为了实现"教得更好"，大学良师用心琢磨教与学，精心打磨一次次课堂、一轮轮课程，不断推陈出新，以自己的行动作出了越来越好的教学，他们也变得越来越"会教"。例如，当作者访谈曾莹老师最近几年的教学体会时，她介绍道：

> 近年来，我的教学有三个变化：第一，我开始尝试以一种叙述和讨论的方式来讲授，而不是单纯的宣讲。我

---

① 北京大学某教师参与问卷调查时所写，转引自林小英、宋鑫《促进大学教师的"卓越教学"：从行为主义走向反思性认可》，《北京大学教育评论》2014 年第 2 期。

发现，越是放松，讲得效果就越好。第二，我更加注重课堂的临场发挥和现场总结。我发现，那些现场生成的东西更能打动学生。第三，讲授过程中，我学会了等学生，等他们记笔记——看到大多数学生停笔了，我再接着讲。这样，课堂有了休止符，教学有了节奏，学生也得到了喘息。①

通过无意识或者有意识的行动研究，大学良师使"似乎每天都一样"的教学生活都是全新的，他们不断写出精益求精的讲稿，设计出独具匠心的作业，作出艺术境界越来越高的课堂教学。

伴随着无意识或者有意识的行动研究过程，大学良师也越来越懂得"教之所由兴"和"教之所由废"，他们逐渐发现并自觉运用一些"绝活"和"妙招"处理教育教学的实际问题，这个过程正是教师从新手成长为熟练教师乃至教育家的过程。

第六节　良师教学的学术性与艺术性

大学良师的教学既有学术性，也有艺术性。一方面，他们认真备课，力求按照认知规律向学生传授体系性的知识；另

---

① 笔者 2017 年 10 月 13 日访谈曾莹老师所得。

一方面，他们用心打磨教学语言艺术和课堂互动技巧，逐渐形成了自己的教学风格，从而让学生直接感知到真知和美德。

一、写作课程讲稿，形成自己的教学体系

课程教学是为了传授高深学问，高深学问有着"于前后更置之不可得"的严密逻辑，有着需要特别强调的重点，更有着学生难以理解的难点。

为了保证教学内容的学术性、体系性和实效性，大学良师无不认真准备教学，精选教学内容，精心设计课堂教学环节。例如，教语言学的赵倩老师这样撰写课程讲稿：

> 笔者的课程讲稿并不完全依赖于教材，尤其是研究生课程。在每门课程备课阶段，笔者都会搜集大量相关文献，综合各种教材和著作的特点，以经典文献为线索和参照，整理形成自己的讲授框架和体系，撰写出一本完整的讲稿。尤其在内容上力求丰富有趣，为后期课件制作奠定良好的基础。
>
> 课程讲稿与教材、著作不同，讲稿撰写必须切合课时量和讲授进度来计划，和撰写书稿相比有两点突出的特性：
>
> 一是讲稿需要精炼，要以清晰的目录提纲模式突显重点和要点，不能铺衍过多，否则授课时很容易照本宣科，导致文字材料的堆砌，冗长的大段文字描述很容易造成师生的疲劳；

二是适当处理备注和衍生部分,讲稿中会涉及一些相关知识点的注解及概念界定,如果在正文内容中呈现会偏离主题,但不解释又会造成理解障碍,这就需进入备注信息,在讲稿中以不同的字体字号标示,在课件中以批注的形式显现,提醒学生这是衍生知识,适当了解即可,避免学生只顾埋头抄写,忽略重点。

在笔者日常阅读与研究过程中,非常注意资料信息的搜集,或是涉及课程相关内容,或是发现有趣的材料,或是因为某种现象而引发新的思考,就会实时整理归纳,及时更新补充到课件中,对之前的内容进行改良和完善。因此几年下来,每门课的讲稿皆已"数易其稿",逐步形成自成一体的教学体系。①

凡事预则立,不预则废。由"预设和生成"两个环节构成的课程教学需要教师精心设计教学目标、教学内容、教学方法和教学时间,以保证在有限的时间内完成教学任务。那些"照本宣科"、以插科打诨为主的课堂大多与教师课前准备不足有关,这样的课堂教学很容易成为"老师混课时,学生混学分"的"走过场"。

---

① 赵倩:《语言学课程课件制作与教学反馈》,张建东、王菊主编《追求卓越教学的探索与分享》,云南大学出版社 2013 年版,第 163—164 页。

二、课堂师生互动方法

在实施集体教学的课堂里，现场的学习情境和学习气氛以无形的心理力量影响着教师，更影响着每一个在场者的学习态度和学习行为。苏联教育家赞科夫曾经指出，当教师是在形成集体的基础上来实施个别对待的时候，这种个别对待才能真正获得巨大的力量。[①] 那些不平凡的教师能够在课堂上营造出良好的集体学习心理场，不但让教学顺利进行，也让学生在潜移默化中受到教师、其他同学和班集体的良好影响。

课堂教学是教师对学生群体的主动互碰。无论采取什么方式，师者均应主动建构自己与学生的亲近关系并点燃学生的求知渴望。为使教学朝着自己所意向的方向发展，教师须掌控课堂主动权，这就要求教师表现出一种微妙的进攻性。例如，教西方哲学的刘玉鹏老师介绍自己的上课体会时这样说道：

> 我上课的时候有些"不安分"，我会不由自主地走下讲台，我要看着学生们，盯着他们，我要用论证的气势说服他们。[②]

当然，师生同在的课堂并非教师所能单方掌控。是故，

---

① [俄] 赞科夫：《和教师的谈话》，教育科学出版社 1980 年版，第 34 页。转引自孙培青等编《教育名言集》，上海教育出版社 1986 年版，第 51 页。

② 来自笔者 2017 年 10 月 13 日对刘玉鹏老师的访谈。

善巧的教师能够敏锐地感知到学生的思维和情绪,并当机立断地采取合适的教学行动,以维持自己与学生之间的良性互动。例如,北京大学陈平原教授这样介绍自己的课堂教学体会:

> 当老师很难,站在讲台上,必须照顾到班上所有学生的趣味和目光。我的经验是,眼睛看到第七排的学生(最好是男生,不要女生),这个时候,所有的学生都觉得你在看着他。课堂上显示的,不只是你的声音,也包括你的姿态,你的神情,还有你的心境。你需要跟学生沟通,有时讲课效果好,有时不好,关键在于和学生有没有交流。可以这么说,每一次成功的讲课,都是师生共同完成的。①

再如,彭恒初老师根据学生的既有知识和思维节奏的讲解来讲授几乎所有学生都觉得难学的数学术语"ε-δ语言":

> 笔者首先向同学介绍了"ε-δ语言"的由来,让大家知道"ε-δ语言"是法国大数学家柯西发明的,并且微积分这样一个了不起的数学工具,正是由于"ε-δ语言"的出现才得到世人认可的,因此柯西对数学分析的贡献不在微积分的发明者牛顿和莱布尼兹之下。笔者讲到这里

---

① 陈平原:《大学何为》,北京大学出版社2009年版,第81页。

时，不少同学的眼神已经有了改变，他们开始意识到让自己讨厌的这个"破玩意儿"原来挺了不起的，因为他们都知道牛顿有多了不起。随后，笔者告诉同学，"ε-δ语言"本身并不难，而是大家对这种表达方式不习惯，所以才"觉得"很难。首先，"ε-δ语言"中没有一个字是大家不认识的；其次，恐怕只要是语文过关的人，"ε-δ语言"读上一遍应该就知道是什么意思了。那么为什么还觉得难呢？就是因为这样的表达方式不符合我们日常的逻辑习惯，由于"不习惯"所以不愿意接受，因此"觉得挺难的"。听到这里，很多同学都露出了微笑，因为他们发现笔者说的是对的。[1]

在这段叙述中，我们可以看到，彭老师知晓学生学习新知的困难所在，也了解学生的畏难心理。于是，他以学生已有的相关知识为基础，通过循循善诱的引导和分析，帮助学生逐步接受并理解了"ε-δ语言"。在这个过程中，彭老师从学生的眼神和表情里观察到自己讲到哪里，学生思维也跟到了哪里——这种"教"与"学"的节奏合拍既保证了教学内容向学生的有效传递，也给师生带来了美好的课堂教学体验。

再如，李子群老师认为哲学教学应当这样"教"：

---

[1] 彭恒初：《关于理科理论课程授课方式的一点浅见》，张建东、王菊主编《追求卓越教学的探索与分享》，云南大学出版社 2013 年版，第 84—85 页。

在教学中，教师根据当堂课的教学目标，以社会现实问题，以学生成长中的烦恼为切入点，向学生提出问题，要求他们进行讨论。在讨论的过程中，教师要控制讨论的节奏，并引导学生的思路紧紧围绕着主题由浅入深。这种讨论是种探索式的学习，教师向学生诘问，学生也可以向教师诘问，学生之间同样可以互相诘问。教师通过提出问题，给学生施加了压力。学生出于求知的愿望，出于在老师和学生面前表现自己的愿望，会积极思维，把自己的心智能力发挥到最高的程度。……此时，哲学教师不再是哲学思想的文件夹，而成了反思和批判性思维的引导者。①

李老师采用的研讨式教学方法正是苏格拉底的"产婆术"。在研讨式教学中，课堂的发言和辩论会让在场的学生经历到"提出假设""论证假设"和"修正假设"的理性思维过程，这正是培养学生逻辑严密的理性思维能力的古老而有效的方法。

教学是教师主导下的"教"与"学"的合作，良好的师生互动是高品质教学的重要特征。大学良师既主导教学，又能依"学"的节奏而"教"，融洽的教学将教师与学生的认知和情感联通到教学内容及其蕴含的价值上，这样的教学无疑是高

---

① 李子群：《哲学的本性与参与式教学》，张建东、王菊主编《追求卓越教学的探索与分享》，云南大学出版社 2013 年版，第 189 页。

效而美好的。

三、合理利用黑板、PPT 等教学媒介

对于学生而言，没有黑板，没有投影仪，没有音视频播放，甚至没有教师，他们都能进行学习。然而，在课堂这个特定的传播场域，学生既接受来自教师的刺激，也接受来自书本、黑板、学习氛围等物理环境和心理情境等多种资源和因素的刺激。高妙的教师能够将教学内容和现场教学资源整合起来，营造出良好的学习氛围，从而有效地向学生传递教学内容。

例如，教数学的彭恒初这样利用黑板来帮助学生"入戏"：

> 对于数学推导较多的理论性课程……（教师）采用传统板书的授课方式，一边推导一边讲解，就是一个与黑板互动的过程。这样在讲解过程中，教师"入戏"了，同学就会受到感染跟着"入戏"，融入各自"教"和"学"的角色。因此，对于数学推导较多的理论性课程，不能在引入 PPT 教学后就放弃"黑板"教学。PPT 和板书并不是对立的，完全可以相辅相成，PPT 演示之后辅以一定的板书推导，保证了互动的同时，PPT 和板书之间的转换，也使得公式推导过程不那么单调。①

---

① 彭恒初：《关于理科理论课程授课方式的一点浅见》，张建东、王菊主编《追求卓越教学的探索与分享》，云南大学出版社 2013 年版，第 84—87 页。

再如，对于语言学课程中那些抽象的理论描述和学生难以理解的内容，赵倩老师是这样"教"的：

> 采用抽象概念关系图示化、声音效果使用、视频导入、文本配合式图形等思路来设计 PPT，借助图示、动画等手段形象地呈现抽象理论，让学生直观感受音质差异、现场体会方言……①

赵老师的课件设计秉持的是"深入浅出"的教学理念，充分融合了教师对概念的理解，使教学内容有趣易懂，也大大降低了同学们对学科的畏难情绪，增强了课程的吸引力。② 例如，2009 级汉语言文学专业的一名学生在反馈中这样写道：

> 老师的课件做得很好，重点很清晰，又不是白白的一张幻灯片在那里，有很多的小图，增加了我们听课的很多乐趣，也基本上每次课都有视频看。个人觉得，老师课上得很好，所以才让我们越来越喜欢。③

①　赵倩：《语言学课程课件制作与教学反馈》，张建东、王菊主编《追求卓越教学的探索与分享》，云南大学出版社 2013 年版，第 164—167 页。

②　赵倩：《语言学课程课件制作与教学反馈》，张建东、王菊主编《追求卓越教学的探索与分享》，云南大学出版社 2013 年版，第 167 页。

③　赵倩：《语言学课程课件制作与教学反馈》，张建东、王菊主编《追求卓越教学的探索与分享》，云南大学出版社 2013 年版，第 19 页。

如彭老师、赵老师一样，大学良师使用课堂教学媒介的根本目的在于向学生再现抽象理论产生的思维过程，帮助学生获得"再生产科学"的直接体验，从而让学生观察到理论发现者或者教师开展科学研究的逻辑论证过程。

当然，大学良师仅仅将媒介作为连接"教"与"学"的手段，他们深知，课堂教学的关键和魅力还在于师生的思维互动、情感交流和观念碰撞。

相反，假如老师整堂课都在读 PPT，学生的课堂体验必定是"找不到听课的感觉"。这种情形下，教师已被技术和设备所异化，不再是教学主导者，其作为教师的价值已经丧失，这是很大的教育失职！

四、教学语言艺术

教师在课堂教学中所使用的语言，既是高深知识的口头表达，更是传递高深知识的载体。因此，有经验的大学良师无不重视修养教学语言这门艺术。石鹏飞教授对于教学语言艺术有着自己独到的见解，他这样讲道：

> 讲课的第一要义就是把你肚子的东西清晰地表达出来。苏东坡说"了然于心者未必了然于口"，我说唯"了然于口"才能说你已经"了然于心"，"道可道"，方为道。你要把你讲的东西按逻辑进行梳理，然后完整、精准、通达地予以展开，故孔子对讲课（讲话）的最基本的要求就是"辞，达而已也"。做到这一点，你就算

个老师了，语无伦次，颠三倒四，到处漏破绽，言不及义者，怎么算个老师呢？简言之，讲课首先要把道理讲清楚。

讲清楚以后呢？我想提一个更高的要求，那就是如何解决"言之无文，行之不远"的问题——这也是孔子提的。确实，在课堂上的老师，或讲课干瘪，或讲课饱满；或讲得清汤寡水，或讲得五味杂陈；或讲得气如游丝，或讲得生机盎然……为什么？有"文"无"文"之别吧！

怎样才能"言有文，行至远"？提两点：

其一，以情感煽人。老师一带感情，学生必为之动容，不是说"嬉笑怒骂，皆成文章"么？我上课，还喜欢从讲台上走下来，拆掉与学生之间那堵无形的墙，融入到学生中间去，让学生能近距离地触摸到你的悲喜，产生和鸣共振。

其二，以形象抓人。这形象包括两层意思：1.着装打扮、风貌姿态、气度举止的形象，相传释迦说法，拈花一笑，坐众了然会心，即是一例；2.语言的形象。形象的语言一样产生魅力，能抓住学生，让学生入耳入脑入心。譬如我言及爱与婚姻的差别，就说"婚姻是爱情的坟墓，但是，倘无婚姻，我们将死无葬身之地。……"这些句子据说在校园中流行，被大家喜闻乐见。

我以为，老师选择语言，可以不避俚俗，只要精准到位即可，大俗也可以是大雅的。

> 以道理服人，那是讲课，再加上以情感煽人，以形象抓人，那就更高一筹，成了讲课艺术了……艺术区别于非艺术，就是有情有色（形象），"情色就是美"呀！①

诚如石教授所言，"言有文，行至远"的教学语言是以坚实的学术功底为基础的。如果学问和思想没有达到"其意皆若出于吾之心，其言皆出于吾之口"的程度，教师的课堂教学用语就难以表达清楚，更达不到石鹏飞教授所言的生动、形象有感染力的境界。

当然，因个人天然禀赋有异，思想深邃的学者未必言辞精妙。不过，作为教师，修养教学语言艺术乃职业要求，因为，"一个能够动听地、明晰地教学的教师，他的声音便像油一样浸入学生的心里，把知识一道带进去"②。

五、良师的教学机智与高境界课堂教学艺术

"教学机智"是教师处理教学内容、自己的"教"和学生的"学"三者关系的智慧，这种智慧表现为教师的"急中生智"的行动，加拿大学者马克斯·范梅南将其称为"教学机智"。大学良师的教学机智是"充满思想的行动和充满行动的

---

① 来自石鹏飞教授 2018 年 11 月 30 日在云南大学艺术与设计学院所作的《德、学、识、才：大学教师应有的素质》的演讲。

② ［捷克］夸美纽斯：《大教学论》，转引自孙培青等编《教育名言集》，上海教育出版社 1984 年版，第 189 页。

思想"①，它帮助大学良师创造出高境界的课堂教学艺术。教"大学国文"的王晶老师曾经这样向作者讲述自己印象最深的一次授课：

　　那天，我带领学生赏析辛弃疾的《登建康赏心亭》。

　　我预先设计以词的上阕的最后一句——"把吴钩看了，栏杆拍遍，无人会，登临意"——作为课程的高潮，以揭示整首词乃至辛弃疾作品的风格。因为我个人非常喜欢辛弃疾的豪放性格，更感叹他怀才不遇壮志未酬的人生际遇，兼之《登建康赏心亭》一词情景交融的铺陈，所以，当吟诵到"把吴钩看了，栏杆拍遍，无人会，登临意"时，强烈的悲壮情绪已充溢我的内心，情不自禁地，我用手势比划"吴钩"，把课桌当作"栏杆"，用自己的手势、动作、表情和眼神演绎出辛弃疾思潮澎湃地把玩宝刀，心情激动遍处拍打九曲栏杆，恨不得立刻跃马扬鞭奔赴沙场的真切渴望和凌云壮志。可惜，报国无门，徒有一腔热血啊……

　　紧接着词的下阕三个典故的讲解后，我以无比悲愤、沉痛和无奈的情感在黑板上奋笔疾书唐圭璋先生的评语："豪气浓情，一时并集，如闻垓下之歌！"扔下粉笔头后，我

---

① ［加］马克斯·范梅南：《教学机智——教育智慧的意蕴》，李树英译，教育科学出版社 2001 年版，第 195 页。

整个人就陷入那种情境里，再也说不出一句别的什么话来。

学生们被深深打动了，他们也沉浸在那种情境里，教室里一片静穆。

……

几秒钟后，学生们鼓起了热烈的掌声。①

从王老师的叙述中，我们可以捕捉到其创造高境界的课堂教学艺术的过程：备课时，王老师预先设计了课堂教学的高潮部分；当讲授到该部分内容时，王老师通过即兴创作出来的一系列融贯了充沛情感、真知灼见和强烈教育使命感的语言、动作、表情和板书将自己内心对于教学内容的理性认知、情绪感受和价值认同淋漓尽致地表现出来。于是，强大的教学艺术感染力从无到有、从分散到集中，从弱到强地汇集起在场学生的认知和情感，强大的学习心理场裹挟着学生与她一道融入教学内容及其蕴含的精神境界——课堂教学被推到高潮。

美国心理学家马斯洛的研究发现，达到高峰体验的人是自我实现的人。② 当课堂教学达到高潮的时候，学生的认知、情感和价值观与教师同频共振起来。此时，大学良师从学生的反映中确认到自己对于真知和美德的教学意向获得了最完美的实现，他们因自己作为大学教师的人生价值得到完美实现而感

① 笔者 2017 年 1 月 3 日访谈王晶老师所得。
② 舒尔兹：《成长心理学》，生活·读书·新知三联书店出版社 1988 年版，第 148 页。

到无比幸福。这种幸福体验会被大学良师永远地保存和积累起来,并成为贯穿于他们教师职业生涯的永恒意义。

当然,教学艺术不可复制,高境界的课堂教学艺术是可遇不可求的。不过,大学良师对于教育理想的追求永远处于"未完成"状态,这是他们在一轮又一轮教学中持续开展行动研究的动力所在,也是他们的教学不断达致卓越的内在机制。为了教育理想,他们倾心倾力授课,强烈的教育使命感会让他们永葆激情地用心去演绎真知和美德,从而不断创造出或强烈或温和的教学高潮。

如王老师和前述丘维生老师一样,高超的教学机智将大学良师的理智和情感紧密结合起来,并以独具个人魅力的教育影响力使学生感觉到教师就是真理和美德的化身,它让学生不由自主地愿意信从和追随教师所传授的真理和美德。

第七节 良师的身份认同与职业自觉

通过解读和倾听大学良师的心声,本研究发现,他们对于自己的"学者"和"师者"身份有着高度的认同;高度的职业认同让他们自觉自愿地潜心治学,悉心育人,并从中收获来自教学艺术创造和"得天下英才而教育之"的职业幸福。

一、良师将自我认同于"学者"

大学良师将自我认同于学者。例如,石鹏飞教授在其所做《如何成为一名好的大学老师》的讲座中这样说道:

一个学者应该有些什么素质？古人提到了德、学、识、才四方面的要求。我想，一个大学教师也算是个学者吧。

德者，得也。孔子说"朝闻道，夕死可矣"，我认为教师之德就是追求真理，发现真理，发展真理和捍卫真理，这是大学教师最根本的德。为了真理，甚至应该做到"虽千百人，吾犹往之"，不惜抛弃一切。

追求真理，发现真理，发展真理，捍卫真理的前提是质疑——质疑权威……质疑常识，常识最接近真理，但有时常识也会使人产生错觉，如太阳朝我们滚来，其实是我们向太阳滚去。质疑自我，用"今日之我"去反对"昨日之我"，自己改自己的文章不是吗？故胡适之说做学问"要从不疑处去疑"。哥白尼不质疑，没有"日心说"；达尔文不质疑，没有"进化论"；弗洛伊德不质疑，就没有弗氏学说。

每个人的认知都有局限，后人就来破除这个局限，它应该保留前人正确的部分，解决前人未能解决的问题，为更后的人的认知的创新再搭建一个平台。所以人类的认知其实就是一个个同心圆（或称俄罗斯套娃）。①

石鹏飞教授的见地表述了学者追求真理所需要的质疑精

① 来自石鹏飞教授2018年11月30日为云南大学艺术与设计学院青年教师和研究生所开专题讲座《如何成为一名好的大学老师》。

神和学者的个人作为——从不疑处去质疑，猜测和探索前沿问题，以求发现前人之未见，或者发现习见之未见——卓越的学者和大学教师总是力求形成自己的学术建树，对人类的真理事业有所贡献。

二、良师亦将自我认同于"师者"

大学良师亦将自我认同"师者"。

例如，曾莹老师说：

> 我从小就想做老师。当了大学老师后，我想做"不世出的燃灯者"。①

通过访谈、文本分析和课堂观察，笔者发现，曾莹老师所理想的"不世出的燃灯者"就是通过教学生学高深学问从而实现"美的开启"和"德的树立"之大学教育根本使命的卓尔不群的师者。

在全面考察和深度剖析曾莹老师"让学"实践的基础上，笔者还发现，为了把自己"做"成"不世出的燃灯者"，曾老师倾心倾力投入研究，认认真真对待教学，在琐琐细细的教学环节中确确实实地用高深学问和高尚德性引领着学生，尽最大努力使大学教育最本质的意义在每一个教育情境中得到实现。

再如，张喜光教授曾先后得到英国和美国的研究基金资

_____

① 笔者 2017 年 10 月 13 日访谈曾莹老师所得。

助，多篇论文发表在 *Science*、*Nature*、*PNAS*，他还两次以第一完成人获得云南省自然科学一等奖。自 2001 年回国直到 2015 年退休前，他年年为本科生开设通识教育课程。谈起为本科生上课的原因，他淡淡地说道：

> 我觉得，在大学里，不教书不像样。①

"不教书不像样"——这句简单朴实的话所反映的是张老师已将自己完全认同于大学教师之身份。正是因为将自我认同于教师，他们才觉得自己应该做一个教师该做的事情，否则就"不像样"，这种追求心之所安的敬畏心正是教师职业美德的来源和根本保障。

三、良师兼重研究和教学

因为认同于学者和师者身份，大学良师决意把自己做成好学者和好老师，研究和教学成为大学良师愿意并乐意去追求的艰苦而幸福的有意义的事业。

大学良师兼重研究和教学，并极力将研究和教学融合起来。例如，石鹏飞教授这样讲道：

> 大学不是讲"其然"而是讲"其所以然"的地方，所

---

① 来自张喜光教授在 2011—2015 年云南大学教师教学能力研修班所做专题讲座。

以大学是要"接着讲而不是照着讲"（冯友兰语），"大学的课多少要有点自己的东西"（葛兆光语）。我以为大学的课有两个层次：一，把碎片化的东西系统化——这是"通"；二，把系统化的东西主体化——这是"识"，"我思故我在"嘛！①

石教授关于教师上课的分析还形象地指出了大学教师"教得好"的两个条件：其一，"把碎片化的东西系统化"——教师要有自成体系的丰富学识；其二，"把系统化的东西主体化"——教师要有自己的原创性思想或独到见地，其所言正是研究与教学的融通。

同样地，曾莹老师这样认为：

> 教学和科研其实是一体的，适量的教学并不耽误科研，反倒能够"服务"于科研。因为，教学所要求传授的是体系性的知识，你不断完善讲稿的过程，促使你从自己既有的研究领域走向更为深广的学科，甚至跨出学科范围。……有的时候，教学中的"灵光一闪"或者学生的触发，你或许就能发现某个有意义或者需要深入思考的问题。②

如石教授和曾老师一样，古往今来所有的大学良师均兼

---

① 来自石鹏飞教授 2018 年 11 月 30 日为云南大学艺术与设计学院青年教师和研究生所开专题讲座《如何成为一名好的大学老师》。
② 笔者 2017 年 10 月 13 日访谈曾莹老师所得。

重研究和教学，这是不证自明的常识。

大学良师既以学术为志业，亦以教学为志业。在他们的学术生活和职业生涯里，研究和教学是完全融通为一体的。身为学者的他们，潜心治学，孜孜以求，为人类探索真理的伟大事业作出自己独有的贡献。同时，身为师者的他们觉得做好研究并教书育人是天经地义的分内之事，他们将庞杂无序的知识去伪存真后教给青年学子，让人类的智慧之光薪火相传。

四、良师的职业自律

学术自由是大学区别于军队、政府、公司等机构的重要特征，不过，其理想的前提条件是大学教师思想成熟而且高度自律，能够随心所欲而不逾矩地坚守学术规范。

大学良师正是有着高度职业自觉的学者和师者，高度的职业自觉既是教师"让学"的动力，也是教师"教得好"最坚实的保障。例如，郑全老师在反思大学教师职业特点的时候这样写道：

> 高校教师这个职业，是个自由性很大的职业。尤其是专职教师，几乎没谁管你……你如何备课、如何讲授、如何布置作业、如何出卷考试、如何考勤等等，可以说均是自主独立完成……教课之余如何从事学术研究，那更无人干涉，全凭自觉了。所以，在这种外在管理、要求极少的情况下，在这种极容易放松、放纵自己的宽松环境下，我们必须自己要求自己，否则我们便是不合格

的高校教师，有名无实。

我们在应尽某种职责时，是要把自己作为审视的对象，要求自己去履行，而不是盯着别人看，盯着别人，可以说是把对自己的要求转向了别人，从而为自己是否尽责寻找理由。①

诚如郑老师所分析的，自由是把双刃剑，既可保障自由探索和自由教学，也可能导致自我放纵，何去何从取决于大学教师的"自由心证"，也就是日常所言的职业操守或"良心"。

因为有了高度的职业自觉，学而不厌、诲人不倦在大学良师看来就是理所应当的事情，是没有负累感的自觉行动。无须任何外界强制要求或物质刺激，他们总是自觉地按照一个合格大学教师甚至卓越大学教师的标准审视自我、约束自我和激励自我。例如，任教于新闻学专业的晋群老师这样写道：

作为一个教实务课程的老师，没有对业界动态的及时了解，没有亲自动手完成过相关的报道或文章，我总会觉得惶恐；虽然有此前的记者经历，但作为一个时刻处在变化中的行业，近距离的观察甚至参与始终不可缺少。因此，我一直坚持从事多项与媒体相关的工作和实践，

---

① 郑全：《谈谈高校教师的自我要求》，张建东、王菊主编《追求卓越教学的探索与分享》，云南大学出版社 2013 年版，第 17—20 页。

即使在国外留学期间，也在为国内媒体撰写海外报道，回国后，也一直为本土和省外媒体撰写不同类型的文章。

晋老师的惶恐不是来自于外部，而是来自自己的内心，其所对照的标准是自己对于课程和专业的理解，而不是权威规范，正是这种身为大学教师的"职业良心"驱动着她自觉钻研学术。

五、良师真诚对待学生

由于将自我认同于师者，大学良师觉得正是因为有了学生的存在，才有自己作为教师的价值呈现。因此，他们真诚对待学生，并出自衷心地希望自己能够帮助大学生朝着自立和成熟的健康方向发展。例如，北京大学的一位老师这样说道：

> 我常常反思我年轻的时候，那时很桀骜不驯，我记得哪个老师不像话，讲得不好，也不负责任，从年轻时候一直骂到现在。我特别怕这些学生长大后一想起在北大上学，某某老师太烂。我不想变成他们长大以后老骂的那个老师，所以很认真地上课。[1]

这位北京大学的教师以自己学生时代对某位"烂老师"的耿耿于怀来警醒自己，并以此为戒来省察自己的举止和行

---

[1] 林小英、宋鑫：《促进大学教师的"卓越教学"：从行为主义走向反思性认可》，《北京大学教育评论》2014年第2期，第59页。

为，是因为他在意自己在学生眼中的形象怎样——他希望自己呈现给学生的是一个好老师的形象。这种在反思中打量自己的职业习惯是大学良师的职业美德"最可靠的卫士"①。

这种职业反思表明的是，大学良师将职业操守奉为自己心中的道德律令，他们敬畏教师职业，珍视自己的学者和师者身份，因此，他们自觉自愿地潜心研究，真诚对待学生，并永葆激情地追求着卓越教学。

六、良师的职业幸福

因为正心诚意地追求"教得好"，大学良师从自己所创造教学艺术中体验到真切的幸福感。例如，曾莹老师说：

> 好的教学，教师讲得很写意，学生也学得写意，不是那么赶。②

再如，刘玉鹏老师说：

> 我天生就适合做老师……我最快乐的时光都在讲台上。③

---

① 苏格兰哲学家休谟指出，这种仿佛在反思中打量自己的恒常习惯，使我们所有关于正当和不正当的情感永葆活力，使本性高贵的人对他们自己和他人产生一定的敬畏，这种敬畏是一切道德的最可靠的卫士。转引自 [英] 大卫·休谟《道德原则研究》，曾晓平译，商务印书馆 2011 年版，第 128—129 页。

② 笔者 2017 年 10 月 13 日访谈曾莹老师的所得。

③ 来自 2017 年 10 月 13 日的访谈。

　　除了课堂教学，大学良师亦从师生交往中体验到"得天下英才而教育之"的职业幸福。如前所述，曾莹老师谈到那位在批评中不断成长的女生以及班里其他学生的成长时，曾老师为自己参与了学生的成长而感到由衷的欣慰，曾老师体验到的正是"得天下英才而教育之"的职业幸福。

　　真情相通的师生关系让大学良师体验到温润的人情之美。一旦"学问""道德"和"虔信"的"种子"经由自己的教育而从学生身上发展起来，大学良师从中看到自己有能力让学生成为什么样的人，这种成就感使大学良师觉得自己与学生甚至无垠的世界达成某种连接，由此，他们获得如天地一般宽广的幸福，这种幸福让大学良师对教育这种"迷恋他人成长的学问"[①] 矢志不渝。

　　幸福既是人们的最大欲望，也是唯一对己对人都有益的行动。[②] 追求"教得好"是大学良师通达个人幸福的路径，受益的却是一批又一批的青年学子，乃至整个民族和国家。

---

① 当代现象学教育学的重要领袖人物马克斯·范梅南认为，教育学就是迷恋他人成长的学问。参见［加］马克斯·范梅南《教学机智——教育智慧的意蕴》，李树英译，教育科学出版社 2001 年版，第 18 页。

② 赵汀阳：《论可能生活——一种关于幸福和公正的理论》，中国人民大学出版社 2004 年版，第 313 页。

第 三 章

大学生何以"学得好":
对典型个案的质性研究

高质量的教学是"教得好"+"学得好"。在对"教得好"进行理想化阐释的基础上，本章按照目的性抽样原则选择不同时期和不同特点的 5 位大学生的典型案例进行质性研究，以揭示大学生"学得好"的某些共同特征。

本章所选择 5 个典型案例分别是：① 20 世纪 30—40 年代先后在中国西南联合大学和美国芝加哥大学学习和研究，1957年获得诺贝尔奖的华裔科学家杨振宁；② 1979 级西南政法大学本科学生，现任教于清华大学的法学学者江山教授；③ 1980 级北京大学本科生，现为新东方教育集团创始人和英语教学与管理专家的俞敏洪；④ 2003 级国内某顶级大学建筑设计专业本科生，后赴美国攻读硕士学位，现在美国从事建筑设计工作的乔①；

---

① "乔"为笔者应研究对象要求而采用的化名。

⑤ 2015 级香港大学文学院本科生丹①。

笔者选择上述 5 个典型案例是基于以下三方面的考虑：其一，他们的大学生活跨越了 1940—2010 年，他们的故事可以折射出我国高等教育发展的一些时代特征；其二，案例人物所就读的大学涉及西南联合大学、西南政法大学（原西南政法学院）、北京大学，以及香港大学等我国著名高等教育学府，案例人物的故事可以从某些方面呈现我国大学在 1940—2010 年期间的一些真实面貌；其三，影响 5 个案例人物成长的关键因素涉及科学研究、学术阅读、个人主观能动性、专业学习、大学生活体验等大学教学的要素，笔者希望以此揭示大学生健康成长的某些共同规律。

本章采用的主要研究方法是实物分析法。这种方法是质性研究中一个非常有效的收集资料的方式，"实物"包括所有与问题有关的文字、图片、音像、物品等。由于任何实物都是一定文化的产物，都是在一定情境下某些人对一定事物的看法的体现；因此这些实物可以被收集起来，作为特定文化中特定人群所持观念的物化形式进行分析。② 对于乔以外的 4 个典型案例，作者所分析的实物包括案例人物本人的文章、演讲稿、书信、日记等；作者对于乔的研究采用的是深度访谈法。此外，由于丹是笔者的女儿，所采用的研究方法除了实物分析，

---

① "丹"为笔者的女儿，应本人要求未使用真实姓名。

② 陈向明：《质的研究方法与社会科学研究》，教育科学出版社 2000 年版，第 257 页。

还包括参与式观察和随机访谈。

希望 5 个案例人物"学得好"的故事能对青年大学生有所启示,也希望本研究所揭示的大学生健康成长的共同规律对大学教师、辅导员等大学教育工作者有所帮助。

第一节 科学研究的"种子"何以"开花结果"
——对杨振宁中美两国求学经历的解读

1957 年 10 月,美籍华人李政道和杨振宁合作提出的"弱相互作用中宇称不守恒定律"获得诺贝尔物理学奖,这是华人首次获得此项举世瞩目的科学殊荣,他们的创见以事实雄辩地证明了华人所具有的科学创新能力。

杨振宁在其 1983 年和 2013 年出版的两本论文选集中,特意在有关文章的后记中回顾了他成长为一个物理学家的发展过程,梳理了他从当研究生以来的兴趣和想法。[①] 另外,杨振宁在多次演讲中也谈到在西南联合大学和芝加哥大学的求学经历对自己的深远影响。

本节采用实物分析方法解读杨振宁(以下简称"杨")本人的公开出版物,以及他人对杨的有关研究文本,通过勾勒其在中美两国的求学经历并取得卓越科学成就的过程来揭示科学

---

① 杨振宁:《六十八年心路:1945—2012》,生活·读书·新知三联书店 2014 年版,第 262 页,译后记。

创新能力的一些共同规律。

一、科学研究的"种子"和培植

捷克教育家夸美纽斯指出，人生来便具有"学问""道德"和"虔信"的"种子"，但是，其发展完全取决于人所受的教育。确然，好奇之心，人皆有之，然而，一个人对于未知世界的探索本能是否发展为求知兴趣乃至治学旨趣则有赖于其所受的教育，特别是早期教育。

根据杨的自述，他高中时候就对数学很感兴趣，其原因是受到在美国芝加哥大学获得数学硕士和博士学位后任教于清华等国内大学的父亲的影响。他说：

> 念高中时，我就从父亲那里接触到了群论初阶，也常常被父亲书架上一本斯派赛关于有限群论的书中的美丽插图所迷住。①

杨在北京崇德中学上学时，喜欢到图书馆看书。他从一本名为《中学生》的杂志上接触到排列与组合，从科普书中了解到科技革命的知识，开始对科学产生兴趣。杨在回忆中提到：

----

① 1995 年 7 月 18 日，杨在上海交通大学做的演讲中所言。转引自杨振东、杨存泉编《杨振宁谈读书与治学》，暨南大学出版社 1998 年版，第 5 页。

……对于其中所描述的科学上的新的发展，许多奇妙的几乎不可置信的知识，产生了向往的感觉。①

在西南联大攻读本科和硕士学位期间，在吴大猷②和王竹溪③两位老师影响下，杨对于数学和物理的探究兴趣被引向了对称性原理和统计力学等方面，这也是杨后来取得重大研究成果的领域。当荣获诺贝尔物理学奖时，杨深深地感谢两位老师对自己的引导。杨在 1957 年 10 月 31 日给吴大猷老师的信里写道：

在这个极为令人兴奋的时刻，也需要深刻地自我反省。在 1942 年春天您把我引进对称性定律和群论领域，对此我要向您表示深深的感激之情。这以后我大部分的研究工作，包括宇称问题，都直接或者间接地发端于 15 年前的春天承您那里学到的启发的思想。这是我一直想告诉您的一件事，而今天是一个特别恰当的机会。④

---

① 杨振东、杨存泉编：《杨振宁谈读书与治学》，暨南大学出版社 1998 年版，第 8 页。

② 吴大猷（1907—2000），笔名洪道、学立，广东高要人，出生于广州府番禺县，著名物理学家，被誉为中国物理学之父。

③ 王竹溪（1911—1983），名治淇，字竹溪，以字行，湖北省公安县人，物理学家、教育家、中国热力学统计物理研究开拓者。

④ 杨振宁：《六十八年心路：1945—2012》，生活·读书·新知三联书店 2014 年版，第 84—85 页。

对于王竹溪教授对自己的影响，杨在 1983 年的一次演讲中说道：

> 1940 年代前后听王先生的演讲这个经历对我的研究工作有长远的决定性的影响。直到今天，我还保存着当年听王先生讲量子力学时的笔记，它对我仍然是有用的参考资料。①

从杨的成长经历来看，其在中国所受到的良好的家庭教育、中学教育和本科教育，以及"出色"的硕士研究生教育② 很好地培植了其科学研究的"种子"，为他成长为物理学家奠定了扎实的根基。

二、全面掌握"推演法再加上归纳法"

从杨的经历来看，他是在芝加哥大学求学期间掌握了近代科学研究方法的。1983 年 3 月 2 日，在香港中文大学建校 20 周年纪念会发表的演讲中，杨说道：

①　1983 年 3 月 2 日，杨在香港中文大学建校 20 周年纪念会发表的演讲中所言。转引自杨振东、杨存泉编《杨振宁谈读书与治学》，暨南大学出版社 1998 年版，第 19—20 页。

②　在 1957 年 12 月 10 日的诺贝尔奖颁奖宴会上的讲话中，杨说道："……就在清华大学里，我接受了出色的研究生头两年的教育……"。转引自杨振东、杨存泉编《杨振宁谈读书与治学》，暨南大学出版社 1998 年版，第 41 页。

我的读书经验大部分在中国，研究的经验大部分在
美国，吸收了两种教育方式的好的地方。①

在一篇题为"有血有肉的物理学——芝加哥大学"的回忆文章
中，杨说道：

我在芝加哥大学念了两年半，得了博士学位。回想
起来，我确实学到了很多东西，不是一般书本上的知识，
尤其是重要的方法和方向。②

杨提到的这个"不是一般书本上的知识"正是科学研究的路径
和价值取向。

杨是从费米教授③ 和泰勒教授④ 的研究和教学工作中深切
体悟到科学研究的方法和思路的。1995 年 6 月 9 日，在华中
理工大学名誉教授聘任仪式上，他这样讲道：

① 杨振宁：《读书教学四十年》，第 123 页。转引自杨振东、杨存泉编
《杨振宁谈读书与治学》，暨南大学出版社 1998 年版，第 45 页。
② 转引自杨振东、杨存泉编《杨振宁谈读书与治学》，暨南大学出版
社 1998 年版，第 39 页。
③ 费米（Enrico Fermi，1901—1954），意大利出生的美国科学家，
1938 年获得诺贝尔物理学奖。他还是主持建造世界上第一个原子堆
的人。
④ 泰勒（Edward Teller，1908—2003），匈牙利出生的美国科学家，后
被誉为"美国氢弹之父"。杨建邺、杨建军将其译为"特勒"。

费米和泰勒教授他们的注意点不是最高原则，这并不是说他们不懂最高原则。这些都已经过去的成就，不是他们眼中注意的东西。他们的眼光随时注意的东西常常是现实的一些新的现象。而他们的教学方法就是先抓住这些现象，然后从这些现象中抽出其中的精神，进行求证探索，用过去的基本的最深的原则展开验证。①

"眼光随时注意的东西常常是现实的一些新的现象"而不是"最高原则"——科学研究不应拘泥于"过去的成就"而应"先抓住这些现象，然后从这些现象中抽出其中的精神，进行求证探索"——杨所感受到的正是基于实证主义和逻辑论证的近现代科学研究方法。

1999 年 12 月 3 日，杨在香港中文大学新亚书院金禧院庆所作题为《中国文化与科学》的讲座中对中国传统文化和近代科学精神的异同进行了全面深入的分析：

传统中国文化如何来求"理"？……这个方法就是归纳法，即把许多分处的一些现象，或者一些状态，归纳成一个最终的"理"。这是一个精简化、抽象化、浓缩化、符号化的过程。通过这一类思维方法，传统的中国

① 1995 年 6 月 9 日，杨振宁在华中理工大学名誉教授受聘仪式上讲到他的念书经历和体会时所言。转引自杨振东、杨存泉编《杨振宁谈读书与治学》，暨南大学出版社 1998 年版，第 37 页。

文化想要达到一个了解世界之一切之一切的境地。

……近代科学跟传统中国文化一个主要的区别，是前者另外还有一个方法，另外有一套思维的方式，这第二个方式是由上到下的，是推演，是用逻辑的方法来推演，而这是中国传统文化里头没有的。……

推演的方法需要逻辑，逻辑是希腊人为研究几何学所发展出来的思维方法。……在近代科学以前，也可以说是到牛顿的工作以前，西方的思维方法，也往往不引用逻辑。从牛顿开始，西方的学者才真正地了解到了这个逻辑推演方法的重要性，而把这个重要性加到所谓 natural philosophy 里头，由此产生了近代的科学，可以说，这是近代科学精神诞生的一个重要标记。……

……近代科学的精神，是要把归纳法跟演绎法结合起来。那么，我现在就举一个特别简单的例子……首先是最基本的现象，为研究这些基本现象，你需要做一些实验。那么从这些现象，从这些实验，一个很广但不一定很深的领域提炼出一些东西来，这就叫作"唯象理论"。"唯象"的意思，就是你只是从这些现象来着眼，把这些现象归纳出一些规律。那么，"唯象"跟这些现象之间的关系，既是归纳的，也是推演的。……（推演）所做的事情，是比较不容置疑，不易引起争辩的……而……"归纳"呢，是容易引起争辩的，因为每一个人着重点不一样，看法不一样，所以思维的方式不一样。那么近代科学重要的一点是把这两者结合起来……

　　……传统中国文化求"理"的方法，只有归纳法；而近代科学求规律的方法，则是推演法再加上归纳法。①

如杨所分析的，深植于西方古代文明而发端于欧洲文艺复兴时期的近代科学是建立在逻辑推演和实证研究基础之上的，较之依靠经验和纯粹思辨认知世界的古老方式，逻辑推演和实证研究使得人们对于世界的认知更加合理和客观。一方面，从几何学发展出来的逻辑推演为人们提供了思维的基本范畴和普遍法则，保证了认知和判断"言之有理"；另一方面，科学实验和数学分析等实证方法使人们的认识更加精确，更加接近客观事实，保证了认知和判断"持之有据"。"言之有理"和"持之有据"的近代科学精神在张扬和发展人的理性思维能力的同时也对思维予以规范，是迄今为止较好兼顾主观能动性和客观现实性的人类认知文化，因而逐步被确立为人类探寻真理的共同准则，这也是诺贝尔奖等世界科技评价所采信的价值取向。

杨在 20 世纪中期赴美求学期间有幸受教于费米教授和泰勒教授等世界顶级科学家，学到了科学研究方法，体悟到科学研究真谛，这是他作出重大科学建树最根本的原因。

---

① 杨振宁：《中国文化与科学》，转引自杨振东、杨存泉编《杨振宁谈读书与治学》，暨南大学出版社 1998 年版，第 237—240 页。

三、体悟"自己去找路""淘新的金矿"

对于"什么是研究"和"研究什么问题"，杨从自己的切身体验中获得丰富而具体的认识。20 世纪 80 年代，杨曾多次将自己的认识分享给国内外的学生和学者。

1982 年 6 月 22 日，杨在纽约大学石溪分校为中国研究生和访问学者所作讲学中指出：

> ……所有的研究生（这与是否中国血统是没有关系的）一生中最困难的时期通常是做论文的时候。为什么呢？因为一个人从小念书的时候，学习的经历是一个方式：学习已知的东西……一个书本上的题目，你知道准是有答案的，准是有答案这件事……使学生把注意力集中在一个问题上。
>
> 而做论文的时候，学习方法是另外一个方法：要寻求未知的东西，要发现哪些题目是可以有解答的。对学生来讲这是新的经验，学习起来通常是困难的。①

在此，杨指出了研究是"寻求未知"，研究"要发现哪些题目是可以有解答的"。由此，他也指出了科学探索与学习已知的根本不同：科学探索并没有某个确定的答案。

---

① 杨振东、杨存泉编：《杨振宁谈读书与治学》，暨南大学出版社 1998 年版，第 171 页。

基于科学研究没有某个确定答案甚至根本没有答案这个特性，杨分析了研究和学习所用方法的不同，还分析了研究和查阅文献的关系：

> ……过去的学习方法是被人家指出来的路你去走。新的学习方法是要自己去找路……①

> 搞研究看文献是不可少的。但是看别人的文章不要一开始就跟着人家走，要自己想想有没有道理。看别人的文章，就像一个人来到一个新城市，一个办法是自己走，边走边问；另一个办法是跟着别人走。如果采用后一种办法，你最后会发现，你并没有了解这个城市。②

杨所指出的"（研究要）自己去找路""（看别人的文章）不要一开始就跟着人家走""要自己想想有没有道理""自己走，边走边问"，正是探索未知所需要的独立思考能力。

对于未知的探索，最首要也最困难的是找到研究问题。

---

① 1984年1月21日，杨应美国的留学生邀请，就学习方法进行座谈时所言。转引自杨振东、杨存泉编《杨振宁谈读书与治学》，暨南大学出版社1998年版，第168页。

② 1986年5月26日至6月13日，杨在中国科技大学研究生院为来自全国26个省市的500多位研究生和物理工作者讲学时所言。转引自杨振东、杨存泉编《杨振宁谈读书与治学》，暨南大学出版社1998年版，第178页。

爱因斯坦和英费尔德曾经指出，"提出一个问题往往比解决一个问题更重要，因为解决一个问题也许是一个数学上的或者实验上的技能而已，而提出新的问题，新的可能性，从新的角度去看旧的问题，却需要创造性的想象力，而且标志着科学的真正进步。"针对科学研究选题，杨有一个生动的比喻：

> 搞研究工作像沙里淘金，你应该去淘新的金矿，而不要去淘老矿。①

杨的比喻切中的正是科学研究的核心诉求：创新。

领悟到费米教授和泰勒教授教学风格和治学路径的杨将"归纳法"作为选择科学研究新问题的原则，其理由是：

> 因为归纳法的起点是物理现象。从这个方向出发，不易陷入形式主义的泥坑。②

1992 年，当有人问杨"应该用什么原则选择研究的题目"，杨

---

① 1986 年 5 月 26 日至 6 月 13 日，杨在中国科技大学研究生院为来自全国 26 个省市的 500 多位研究生和物理工作者讲学时所言。转引自杨振东、杨存泉编《杨振宁谈读书与治学》，暨南大学出版社 1998 年版，第 177 页。

② 这是杨比较西南联大吴大猷先生和芝加哥大学费米教授教学而得出的体会。详见杨振东、杨存泉编《杨振宁谈读书与治学》，暨南大学出版社 1998 年版，第 33 页。

的回答是：

> 要找与现象有直接简单关系的题目，或与物理基本结构有直接简单关系的题目。……①

改革开放以来，为推动教育现代化，我国教育改革大力提倡主动学习、参与式学习和探究式学习，着力培养学生的独立思考能力和创新精神。但是，我国当前不少科技工作者和研究生依然"问题意识"不足，难以发现真正有价值的研究选题，这已然是我国科技进步和社会创新的掣肘。

唯有科技工作者、研究生，乃至中学生和小学生能够独立思考，不唯书本不唯权威，能够从现实生活中发现问题，并有自己的独到想法，创新驱动的社会发展战略才能真正落到实处。

四、"不怕出错"，敢于质疑，提出科学创见

深谙科学研究真谛的杨认为，研究工作最重要的一点是"冒出新的方向"②。然而，"冒出新的方向"必然要经历不断试

---

① 原文见《曙光集》（2008）。参见杨振宁《六十八年心路》，生活·读书·新知三联书店 2014 年版，第 214—215 页。

② 杨在 1982 年 10 月与复旦大学物理学教授倪光炯的谈话中指出，"要使研究工作真正成功，最主要的还是在于把大家当时已有的知识和自己的见解，跟自己的 taste 结合起来，从而冒出新的方向来，这才是研究工作最重要的一点。"转引自杨振东、杨存泉编《杨振宁谈读书与治学》，暨南大学出版社 1998 年版，第 26 页。

错，"冒出新的方向"还意味着质疑已知，这就要求研究者具有锐意探索的科学勇气。

杨对科学研究"试错模式"① 的深切感受和体验来自泰勒教授的教学。在《读书教学四十年》中，他这样写道：

> （泰勒教授）不怕自己讲的见解可能是错的。这给了我很深的印象。②

> 他（指泰勒教授）不怕把错的想法讲出来。你跟他讨论的时候，如果你指出他的想法有什么缺点，他很快就会接受，然后通过跟你讨论，这些想法就会更深入一层。换句话说，他对于他不完全懂的东西不是采取害怕的态度，而是面对它、探索它，这个对于我有很大的启发。③

"不怕自己讲的见解可能是错的"，"不怕把错的想法讲出来"，"对于他不完全懂的东西不是采取害怕的态度"——泰勒教授这种无所畏忌的勇敢让杨深受感触。

---

① 波普尔（Karl Popper，1902—1994）强调，科学是一门可错的学问，科学发展的历史就是不断试错的过程，科学发现遵循试错模式。参见刘大椿《论科学精神》，《求是》2019 年第 9 期。
② 转引自杨振东、杨存泉编《杨振宁谈读书与治学》，暨南大学出版社 1998 年版，第 32 页。
③ 杨振东、杨存泉编：《杨振宁谈读书与治学》，暨南大学出版社 1998 年版，第 38 页。

当然，除了"不怕出错"的勇气，泰勒教授让杨折服的还有勇于接受批评的开放胸襟——"如果你指出他的想法有什么缺点，他很快就会接受，然后通过跟你讨论，这些想法就会更深入一层"——这既是学者虔信真理的高贵品质，也是师者对学生主体性和创造性的尊重和信任。

在芝加哥大学这种鼓励创新，鼓励质疑的探索氛围里，杨发表了他最早的一篇文章。根据杨的记述，事情的经过是这样的：

> （1949年一次讨论会上①）泰勒说，他听说在伯克利有人发现了所谓不带电荷的 π 质子，而且这个 π 质子会衰变成两个光子；他又说可以证明这个质子自旋是零。于是在座的人就问他怎么证明，他就在黑板上写出一个证明。但这个证明很快就被我们打倒了。大家指出他的证明没有想清楚，想得太快。可是当天晚上回去后，我想他这个证明虽然不完全，可是却走了第一步，再走两步不仅可以得到他所讲的结论，而且可以得到更新一些的结论。所以过了几天，便找到了正确的选择定则，我就写出了一篇文章，题目是《一个粒子湮灭成两个光子的选择定则》。……②

---

① 杨振宁：《六十八年心路》，生活·读书·新知三联书店 2014 年版，第 5 页。

② 杨振东、杨存泉编：《杨振宁谈读书与治学》，暨南大学出版社 1998 年版，第 38 页。

亲历并受益于大胆探索而写出文章这件事情让杨获得了"自己
去找路"的勇气，这种勇气对杨的影响尤为深远。

　　李政道（以下简称"李"）和杨正是在试错和质疑中逐步
提出"弱相互作用中宇称不守恒定律"这一重大科学创见的。
在研究的初期，他们曾假设宇称是双重态的并将这一假设写成
论文发表于当年第 102 期《物理评论》杂志。不过，他们很快
发现这个理论假设的尝试是失败的。[①] 后来，在通过数学计算发
现衰变与宇称是否守恒完全无关后，[②] 李和杨告别"犹豫"[③]，坚
定而自信地断言"过去做过的关于弱相互作用的实验实际上与
宇称守恒问题无关系"，[④] 这是对"宇称守恒定律"的重大修正。
再后来，吴健雄等实验物理学家通过磁场实验证实了他们的假

---

① 参见岳梁编著《李政道传》，河南文艺出版社 2017 年版，第 88—
　　89 页。

② 杨在《"弱相互作用中宇称守恒的问题"后记》中写道：……我的计
　　算（指 β 衰变）只花一两个星期就完成了。结果表明，在所有这些
　　相互作用过程中，以前的实验既没有提供信息表明这些相互作用仅
　　仅是 C 型，或者是 C、C′ 两型都有。这也就是说，所有以前 β 衰
　　变的实验，都与在 β 衰变宇称是否守恒的问题完全无关。不久，李
　　也做了同样的计算，结论与我的相同。详见杨振宁《"弱相互作用
　　中宇称守恒的问题"后记》，杨振宁《六十八年心路》，生活·读
　　书·新知三联书店 2014 年版，第 57 页。

③ 杨在《"弱相互作用中宇称守恒的问题"后记》中写道："对于断言
　　弱相互作用中宇称不守恒（即左右不对称）一定可以解决 θ-τ 之
　　谜，我们不是唯一感到犹豫的人。……"详见杨振宁《六十八年心
　　路》，生活·读书·新知三联书店 2014 年版，第 61 页。

④ 岳梁编著：《李政道传》，河南文艺出版社 2017 年版，第 91 页。

设。于是，李和杨终于找到了走出"θ–τ 之谜"这座黑屋子的大门。① 因为这项"丰富了世界人民对宇宙、对物质基本特点的认识"② 的科学贡献，李和杨荣获1957年的诺贝尔物理学奖。

五、追求"跟自己的 taste 结合"③ 的学术风格

1982 年 10 月，杨在接受复旦大学物理学教授倪光炯访谈时说道：

> 要使研究工作真正成功，最主要的还是在于把大家当时已有的知识和自己的见解，跟自己的 taste 结合起来，从而冒出新的方向来，这才是研究工作最重要的一点。④

① 1957 年 1 月，"原子弹之父"、时任普林斯顿高级研究所所长奥本海默（Julius Rebert Oppenheimer，1904—1967，美籍犹太裔物理学家，曼哈顿计划的领导者）在给杨振宁的回电中说"终于找到了走出黑屋子的门"。参见岳梁编著《李政道传》，河南文艺出版社 2017 年版，第 109—110 页。

② 1984 年，美国总统里根在访问中国时，对李政道和杨振宁的科学发现给予高度赞扬。里根总统说他们的发现"丰富了我们对宇宙、对物质的基本特点认识"。转引自岳梁编著《李政道传》，河南文艺出版社 2017 年版，第 111 页。

③ 杨多次使用英文单词"taste"来表达个人的口味、风格、品位等概念。不过，在他看来，个人的 taste 早于风格（style）；因此，他认为，把 taste 翻译为"品味"也"不见得是最正确的翻译"。详见杨振东、杨存泉编《杨振宁谈读书与治学》，暨南大学出版社 1998 年版，第 24 页。

④ 转引自杨振东、杨存泉编《杨振宁谈读书与治学》，暨南大学出版社 1998 年版，第 26 页。

杨所分析的"（研究要）自己的 taste"所表达的是兴趣、审美偏好等个体特质对科学研究的影响。

　　杨的个体特质在科学事业中的体现主要在研究方向和研究成果呈现形式两个方面。在研究方向上，早期的杨曾经打算从事实验物理研究，因故未能实现后才选择了结合自身特点的理论研究。杨的这个自我认识和自我选择过程是这样的：

　　　　我还没有到芝加哥大学念书的时候，已深深感觉到，我对实验接触得太少。当时的愿望是到芝加哥大学之后，一定要写一篇实验论文。……（在费米教授介绍下，我到艾里逊（Allison）教授的实验室工作了 18 至 20 个月）……我发现我的动手能力是不行的。……

　　　　在做了 18 个月的工作以后，我的实验不太成功。……有一天，泰勒教授来找我。他问，你做的实验是不是不太成功？我说，对了。他说，你不必坚持一定要写出一篇实验论文。你已写了理论论文，那么就用这篇理论论文做毕业（博士）论文吧。我可以做你的导师。我听了这话很失望，因为我确实一心一意想写一篇实验论文的。我说需要想一想，想了两天，决定接受他的建议。作了这个决定以后，我如释重负。① ……

---

① 　杨振宁：《读书教学四十年》，第 116—118 页。转引自杨振东、杨存泉编《杨振宁谈读书与治学》，暨南大学出版社 1998 年版，第 29—30 页。

杨后来在理论物理学方面的发展证明了他当初在泰勒教授建议下所做的选择是理智而切合自身特性的。

在研究成果呈现形式方面，生性敏感细腻、想象力丰富且充满自信的杨在国内上大学的时候就认定了自己喜欢的是精炼、优美而有力的学术风格。他 1995 年 7 月 18 日在上海交通大学所作演讲中介绍道：

> （美国数学学者狄克逊写的《近现代数理论》这本书）写得非常合我的口味，因为它很精炼，没有废话，在短短的 20 页的一章就把"表示理论"非常美妙地完全讲清楚了，这章又优美又有巨大动力的理论使我认识了群论的无与伦比的美妙和力量。①

如前所述，杨对于数学美的"情有独钟"其实高中时已初现端倪，上大学时发现"非常合口味的文章"是这种审美取向的具体化。

后来，杨更加自觉地追求这种学术风格，并创造出精炼、优美而有力的学术作品，从其博士论文就可窥见一斑。泰勒教授这样评价他的博士论文：

---

① 杨振东、杨存泉编：《杨振宁谈读书与治学》，暨南大学出版社 1998年版，第 5—6 页。

振宁用不到 4 页就漂亮地证明。我建议他用这篇做博士论文。应写的长一些，再证明半整数量子数。他很快就把这些证明作出来加在论文中，总共加了两页。这样反反复复好几个星期，论文达到 13 页。这是我有生以来支持的最好和最短的博士论文。①

"用不到 4 页就漂亮地证明""（13 页的论文）是我有生以来支持的最好和最短的博士论文"——杨的高度抽象概括能力和简洁优美的表现能力豁然可见。

当然，一切美的事物都是内容和形式的完美结合。杨"最短和最好"的博士论文正是物理理论架构内在美的完美呈现。1997 年，杨作为香港求是基金会顾问出席在浙江大学举行的第四节颁奖典礼，他在接受记者采访时对物理理论架构进行了诗意的介绍：

> ……但物理学最后的精华在于理论架构……
> ……（理论架构）是"造物者的诗篇"……
> 理论架构的美是筹建哥特式教堂的建筑师们所要歌颂的：崇高美、灵魂美、宗教美和最终极的美。②

---

① 转引自杨振东、杨存泉编《杨振宁谈读书与治学》，暨南大学出版社 1998 年版，第 31—32 页。
② 杨振东、杨存泉编：《杨振宁谈读书与治学》，暨南大学出版社 1998 年版，第 105—107 页。

对于一个科学工作者来说，研究和天性的结合就是求真和求美的结合，研究者将从研究中获得崇高而美好的精神享受。杨的物理学研究风格是其智慧和才情的结合，是其个人品质卓越性和独特性的体现，正是这种风格使得"杨振宁之所以成为杨振宁"①。

六、科学研究顺其自然地"开花结果"

关于如何做学问，杨曾经对纽约州立大学石溪分校的同事聂华桐教授说过，"假如一个人读书觉得很苦的话，要把学问做好，要出成果，恐怕是很困难的"。在聂教授看来，"十年寒窗，埋头苦读"，不是杨的形象。杨是顺其自然，发展自己的兴趣。②

从杨的学习和研究经历来看，他所取得的成果正是其科学研究"种子"顺其自然发展后的"开花结果"，他发表第一篇关于"相变"的论文是最为典型的例证。1983 年 3 月 2 日，杨在香港中文大学建校 20 周年纪念会上发表的演讲中说道：

> 因为当时（指杨西南联大读书的 1940 年前后）听过"相变"的演讲，我一直有兴趣……

---

① 这是美国物理学家戴森为杨 1982 年出版的《杨振宁论文选集附后记》写的一段话。转引自杨振宁《六十八年心路》，生活·读书·新知三联书店 2014 年版，第 264 页。

② 杨振东、杨存泉编：《杨振宁谈读书与治学》，暨南大学出版社 1998 年版，第 222 页。

　　……从那以后我就不时对这个问题注意，我后来写
的第一篇关于"相变"的文章是 1951 年，即十年以后。
这十年期间，断断续续地对这类问题的注意，最后终于
开花结果了。①

无意识埋下的科学研究"种子"，历经 10 年得以"开花结
果"——这个过程反映的正是科学研究成果漫长而悄无声息的
生长过程，也反映了杨"但须耕耘无问结果"潜心治学的执着。
　　基于对科学研究并非简单线性过程的深刻把握，杨在
1983 年 3 月 12 日的演讲中对我国科技工作提出如下建议：

　　……科学研究不只是攻关式的。我觉得，以中国这样
一个大的国家，必须要在攻关式的科学研究这个想法之外，
注意另外一些方法。我替它起了一个名字，叫作"散步战
术"，就是不要有一个预先固定的目标，不需要集合很多
的人、集合很多的资源去攻打，去做科学研究。而只需把
一个不清楚的目标，用很少的几个人，让他们放手去通过
自己的努力、自己的了解、自己的决定来做科学研究。②

----

① 杨振东、杨存泉编：《杨振宁谈读书与治学》，暨南大学出版社 1998
　　年版，第 5、19—20 页。
② 1986 年夏，杨振宁在中山大学作题为"研究工作和研究生的学习态
　　度"的演讲中所言。转引自杨振东、杨存泉编《杨振宁谈读书与治
　　学》，暨南大学出版社 1998 年版，第 186 页。

在呼吁大众创业万众创新的当前，杨的建议无疑是振聋发聩的。

当然，科学研究"种子"的"开花结果"离不开探索者顺其自然的潜心治学，也离不开教育的培植和环境的熏陶。那些尊重学生主体性，相信学生创造潜能，而且不怕被"学生打倒"的老师才能让学生敢于独立思考，敢于"自己找出路"，敢于争鸣和批评，敢于创新。同样，一所鼓励自由研究，宽容失败而不是急功近利的大学和研究机构也才能迎来那些水到渠成不期而遇的真正的科学创新成果。

七、由研究而达至的科学精神

文字是每个人的生活阅历轨迹和思想情感写照。透过杨对自身读书和研究经历的追忆，我们可领略到他开展科学研究的方法和思路，也可部分感知他成长为物理学家的心路历程。而且，作为 20 世纪中期到美国负笈求学并取得世界公认科学成就的华人科学家，杨的经历和个人品质对于华人学者乃至我国科技事业有着深刻启示。

如前所述，杨在中学时代就对科学很有兴趣，他在西南联大的求学生涯中发现了自己感兴趣的有价值的探究领域，在芝加哥大学的学习研究中具备了科学精神、领悟到科学研究真谛。后来，再历经芝加哥大学、普林斯顿高等研究院和纽约州立大学石溪分校数十年的研究和教学，杨成为一个拥有纯正科学精神、孜孜不倦、勇于创新的学者。1982 年 10 月，杨在与复旦大学物理学教授倪光炯谈话中就"做学问的精神"这样说道：

学一个东西不仅要学到一些知识，学到一些技术方面的特别的方法，而且要对它的意义有一些了解，有一些欣赏。假如一个人在学了量子力学以后，他不觉得其中有的东西是重要的，有的东西是美妙的，有的东西是值得跟人辩论得面红耳赤而不放手的，那么，我觉得他对这个东西并没有学进去。他只是学了很多可以参加考试并取得很好分数的知识。这不是做学问的精神。他没有把问题里面基本的价值掌握住。①

杨指出了真正的学者对科学的情感："对它的意义有一些了解，有一些欣赏"；"（觉得）有的东西是重要的，有的东西是美妙的，有的东西是值得跟人辩论得面红耳赤而不放手的……"。只有真正热爱科学研究、具备科学精神的学者才会有这样的炙热的求知状态和激动的情感体验。杨本人正是这种"出乎其心"热爱科学事业的人，这是他矢志不渝读书教学工作 50 余年的内在因素。

德国思想家威廉·洪堡指出，"唯出乎其心入乎其内的科学，能改变人的品质"②。"出乎其心"热爱科学事业的杨，对科学知识的研习做到了"学进去"并"把问题里面基本的价值

---

① 杨振东、杨存泉编：《杨振宁谈读书与治学》，暨南大学出版社 1998 年版，第 25 页。

② 转引自陈洪捷《德国古典大学观及其对中国的影响》，北京大学出版社 2003 年版，第 73 页。

掌握住",由是,科学精神"入乎其内"地熔铸到杨的个人品质里。

追寻杨的成长历程,我们似乎可以看到那个在美国学习如何从事科学研究的中国青年的心理变化过程:从"不能随便发表意见""我是很渺小的""随便发表意见会被人笑话"到"不害怕新东西""不怕出错"再到"开始质疑(宇称守恒定律)","犹豫""断言(弱相互作用中宇称不守恒)"——这个过程显示的是杨终于获得了探索科学的勇气。

当然,这种勇气会沉淀为稳定的性格特征而表现在杨的工作和生活的各个方面。国立新加坡大学潘国驹对杨的印象是"他(指杨)有倔强的个性,而且做事信心十足"①。

应该说,除了个体固有的性格特点,科学家的倔强和信心更多的是经由逻辑推理和实证研究陶养出来的理性信念。就杨而言,以求真务实为价值取向的科学研究事业把他身上原有的自信锤炼得更加坚实。

八、启示:如何培养科学精神和创新能力

对于未知世界的好奇之心人人皆有,这是一个人从事科学研究的原动力,这也是人类社会不断进步的原动力。

幸运如杨的是,其天然的求知兴趣和爱美之心在家庭教育和中小学教育中得到良好的培植。

---

① [新加坡]潘国驹:《杨振宁的治学态度和为人》,转引自杨振东、杨存泉编《杨振宁谈读书与治学》,暨南大学出版社1998年版,第230页。

尤为幸运的是，在西南联大的学习为他打下了坚实的研究基础。

更为幸运的是，在芝加哥大学脑力激荡的学术研讨让他悟到科学真谛。

于是，天资聪慧，好学善思，自强不息的杨和同仁们作出"丰富了世界人民对宇宙、对物质基本特点的认识"的科学建树。

作为首次获得诺贝尔奖的华人科学家，杨的科学成就和卓越品质将照耀和鼓舞着一代又一代华人学者筚路蓝缕、勇攀科学高峰。

第二节　"在这个年纪把读书这件事做好"

——对江山西南政法大学求学经历的解读

书籍，既是储存知识的媒介，更是学习内容的载体。然而，在通讯技术高度发达的当前时代，电子媒介使得知识的储存和传播愈发便捷，人们似乎也越来越习惯于电子阅读。那么，书籍作为是教育制度的基础这一事实是否发生了改变？信息时代的大学生又该如何读书呢？

本节中，笔者[①]对1979级西南政法学院（后改名为西南政法大学）本科生、现为清华大学教授的江山的大学学习经历进

---

① 本节由云南大学高等教育研究院2018级硕士研究生于萍初写，王菊修改完成。

行解读，引述他的读书轶事，分析"读书"这件事情对他的个人成长的影响，以为当前的大学生和大学教育提供一些启示。

一、江山的个人概况及其"自学成才"梦想

江山，字足无，男，1958 年出生于湖北，1979 级西南政法大学本科生。先后任职于中南政法大学、武汉大学，现任教于清华大学法学院，研究领域包括中国文化、哲学、历史、制度等。

在去重庆上大学之前，江山（以下简称"江"）一直生活在农村。他 7 岁就开始干农活，到 17 岁的时候就成了一名全劳动力。劳务繁重却不能解决温饱的生活让他饱尝到当农民的困顿和痛苦，并试图从书中获得解答。

读书使江认识到，"不只是自己在痛苦着，我身边的农民兄弟，谁不如此！"[1] 于是，18 岁的他开始思考"如何拯救中国农民"，对于这个问题的思考也让他反思自己的学习过程、并意识到了自身的局限：

> 我开始寻求途径，并从那时开始，向马克思主义求救。但是我更多地发现，我的知识是可怜的——除了种田以外，其他职业能胜任否，我持怀疑态度。这使得我必须正确对待自己：我的能力与愿望之间的巨大鸿沟。我需要学习、深造，我需要高等教育（虽然这个想法从童

---

[1] 江山：《回到"西南"》，见梁治平等《我的大学》，法律出版社 2004 年版，第 55 页。

年时代就有，但不如当时那样自觉）。①

江之所以说"这个想法"（指对高等教育的"需要"从童年就有），是因为他自小就喜欢思考问题，就对哲学、历史等非常感兴趣。他写道：

> 几乎从小我就有一种对抽象和超越的迷恋，经常会为一个不是问题的问题，忘乎所以，自作囚笼；也会对宏大且神秘的东西百思不厌，试图穿透。我一直在这样的渴求中如醉如痴，不能自已。后来，深刻的阅读终于将我引入了正途，我知道那是人类性智觉的骚动……②

江所说的"人类性智觉"即人类的好奇心或求知欲望。好奇心或求知欲望借助的是人独有而其他物种所没有的思考能力，思考能力让人成为"会思想的苇草"，让人可以超越时间和空间限制去理解自己和世界，从而让人可以觉知自己的行为并有意识地予以调控。

耕读自学中，有着强烈求知欲望的江在 1976 年开始了他的学术研究。在参加中共黄冈地委宣传部与武汉大学哲学系举

① 江山：《思想札记》，世界宗教博物馆基金会附设出版社 2013 年版，第 28—29 页。

② 江山：《思想札记》，世界宗教博物馆基金会附设出版社 2013 年版，自序。

办的中国哲学研修班后，江对哲学有了兴趣，在系统阅读马克思、恩格斯、列宁等著作后，他雄心勃发地开始写作"哲学与社会主义"。①

当时的江想一门心思通过"自学成才"完成自己的高等教育，以致他对1977年的首次高考采取了几乎是无视的态度，虽在他人劝说下参加了考试，却"惨惨地落败了"；1978年，他在父亲的逼迫下临时准备后参加高考，结果还是落败。②

1978年9月，江在跟一位友人的一席谈话后决定第三次参加高考，并认真复习备考，最终于1979年成功考上西南政法学院。

二、反思与修正："我上大学干嘛"

进入大学以后，江做了一个学期的"标准乖乖生"：

> 按时起床、就寝，课前预习功课，上课认真听讲，做笔记，课后还温习功课……一个学期下来，除看过一些电影和托尔斯泰的《战争与和平》外，几乎没有涉猎。③

江对"标准乖乖生"的大学生活的怀疑缘起于大一那一

---

① 江山：《回到"西南"》，见梁治平等《我的大学》，法律出版社2004年版，第52页。

② 江山：《回到"西南"》，见梁治平等《我的大学》，法律出版社2004年版，第52—53页。

③ 江山：《回到"西南"》，见梁治平等《我的大学》，法律出版社2004年版，第45页。

年的寒假。在寒假返乡的路途中，江碰到的好几个熟人都说他
变得又白又胖了。这个一开始听着顺耳的话后来开始刺激着江
了，他反思道：

> 我是怎么了啦，上大学前一番雄心壮志，恨不得吞山河、
> 携宇宙，现在居然只落得个养胖的结果，我上大学干嘛？①

"我上大学干嘛？"这及时的当头一棒肃清了江山的茫然，
引发了他对于未来的思考。在经过 20 多天的反省之后，江制
定出了自己的大学规划：

> 返还我的本来面目，不做乖乖生，要好自为之。②

回到学校后，江开始有选择地上课，开始逃课去泡图书
馆。单一的"自学"难以达到"成才"的目的，但是，在接受
系统的大学教育和教师指导的同时积极开展自主学习，则是大
有裨益的。

江关于"上大学干嘛"的追问和解答，让我们看到，他
的大学生活尽管有过迷茫，但是及时的自我反省与认知使得他

---

① 江山：《回到"西南"》，见梁治平等《我的大学》，法律出版社 2004
　　年版，第 46 页。
② 江山：《回到"西南"》，见梁治平等《我的大学》，法律出版社 2004
　　年版，第 46 页。

最终找到了自己的大学之路——以自学为主的学术道路。从一味蒙头读书的"自学成才"，到有计划、有选择的"自主学习"，江通过及时的自我反省探索出了自己的治学方式——依靠阅读、思考和写作的"自修自为"之路。

后来，"自修自为"的学习方式贯穿在江的整个学术生涯之中——大三年级的时候，江曾想报考研究生，后因故放弃。再后来，江曾有过攻读博士学位的机会，他也放弃了。[①] 这种方式使他饱尝了师出无门的艰辛与困苦，但读书的自得、自乐、自慰、自信也使得他在孤寂的学途中有些许自豪感。[②] 在2012 年出版的《江山著作集》的"序"中，江这样写道：

> 它既包括一般意义上的中文文化批判性的著作，也包括文化价值探讨的著作，同时也有制度文明的专著、中国法价值体系的专著、中国法文化体系的专著、后现代法律发展趋向的专著。总之，这些著作自成一体，言之有据。是中国本土学人自磨自琢三十余年的心得所在。[③]

"中国本土学人自磨自琢三十余年"，这正是江"自修自为"治

---

① 江山：《回到"西南"》，见梁治平等《我的大学》，法律出版社 2004年版，第 46、51 页。
② 江山：《回到"西南"》，见梁治平等《我的大学》，法律出版社 2004年版，第 56—57 页。
③ 江山：《思想札记》，世界宗教博物馆基金会附设出版社 2013 年版，序。

学之路的写照。

"我上大学干嘛？"也是现在的大学生同样面临的实际问题，关于这个问题的思考和解答决定着大学生如何度过大学生活，也在很大程度上决定着他们毕业后的人生道路。

大学阶段是一个人从青春期向成年期转变的时期，也是人的自我意识迅速发展并走向完善的重要时期。初入大学时，大学生尚没有清晰的自我认知，也难以找到自己的定位，都会对未来感到迷茫与不安。江山在大学刚开始时就及时发现自己的问题，并反省自身，成功找到自己的人生定位，这正是给当代青年大学生树立的一个榜样。

三、求教于老先生，读线装书，开启学术历程

1980 年春季学期，江在得知任教同年级其他班古汉语课的张紫葛老先生国文功底深厚且讲课生动之后，就去拜访张紫葛老先生，请教如何做学问。张先生给出的答案是背《古文观止》。江虽然将信将疑，却也开始每天背一篇《古文观止》，坚持一段时间后，江看到了背书的效果：

> 终于从背书中尝到了味道，最明显的是看古籍顺溜了。我开始阅读《周礼》《春秋左氏传》《诗经》之类的书。[1]

在向张紫葛老先生求教与交流的过程中，江开始了其与

———————————

[1]　江山：《回到"西南"》，见梁治平等《我的大学》，法律出版社 2004年版，第 55 页。

线装书结缘的历程。起因是刑法课上老师讲述到"剥夺权利是资产阶级刑罚之花"的观点，阅读过周代古籍的江对该论述有所质疑。于是，江把他的想法跟张紫葛先生交流。张先生认为可以做一番研究以正本清源，并为江开列了一张书单，建议江去重庆图书馆古籍部查阅资料。而这一与古籍（线装书）的邂逅被江山描述为一个"汗流浃背，无地自容，心跳加速"① 的过程。他在《回到"西南"》里这样描述：

> 布满尘土的线装书摆满了一大书桌，我心里却发着毛。虽然以前也见过线装书，可那只是一本算命的小册子。如今这么多闻所未闻的线装书，我连前后左右的顺序都搞不清楚，如何是好。
>
> 偌大的古籍部阅览室，好像只我一个读者，一尘不染的桌子、地面、椅子都在眼巴巴地看着我；最难面对的是那位老管理员，那老先生拿完书，就在我侧身边站定不去了。这一站竟似长达一个世纪之久，虽然事实上也就二十多分钟。②
>
> 汗流浃背，无地自容，心跳加速……③

---

① 江山：《回到"西南"》，见梁治平等《我的大学》，法律出版社 2004 年版，第 48 页

② 江在事后得知，老先生的站立是因为他不相信这样一个年轻人竟敢读线装书。老先生说，"'文革'开始以来，这些线装书就没有人摸过，我（江山）是第一个前来阅览的读者"。详见江山《回到"西南"》，梁治平等《我的大学》，法律出版社 2004 年版，第 48 页。

③ 梁治平等：《我的大学》，法律出版社 2004 年版，第 47 页。

　　古籍难读，江山却并不畏惧，前后 20 多天的古籍查阅为他的研究提供了珍贵的史料。在张先生的悉心指导下，江历时几个月完成了一篇题为《剥夺政治权利考》的论文，这篇论文发表在《西南政法大学学报》①1981 年第 2 期。

　　这次线装书阅读经历对江影响深远，他认为：

　　　　这是我的第一篇真正的学术论文，它的最大意义应当是：我有理由走学术发展之路。②

　　江的这次学术研究经历在一定程度上昭示了其后的研究领域和治学取向——江后来的研究涉及中国文化、哲学、历史、制度等宏观问题；而且，江所崇尚的正是中国文化和哲学中注重整体性、本源性的思维和学问模式。③ 在 2012 年写作的《思想札记》中，江指出：

　　　　中国文化对人类的后现代将有独到价值和意义贡献。④

　　纵观江山大学四年的读书记录，可以看出他对中国历史

① 　该刊后更名为《现代法学》。

② 　梁治平等：《我的大学》，法律出版社 2004 年版，第 48 页。

③ 　江山：《回到"西南"》，见梁治平等《我的大学》，法律出版社 2004 年版，第 56 页。

④ 　《〈江山著作集〉序》，见江山《思想札记》，世界宗教博物馆基金会附设出版社 2013 年版，序。

典籍的关注，这些方面的阅读也是他在探索中国历史发展道路中作出的努力。

江求教于老先生、读线装书、开启学术历程的经历启示我们，大学阶段是青年学生观念和思想的滥觞时期，大学生活中的一些关键事件在很大程度上影响甚至决定青年人未来的人生走向。

四、"居厕"读书三年

"自修自学"是江山的学习方式，而读书则是实现自主学习的不二法门。江山对于书有一种痴迷，在大学期间，买书，对于江这样一个来自贫穷家庭的学生来说，是一种巨大的奢侈，但是他常常省下一部分钱去购买自己的精神食粮，因此在四年大学结束之际，他已经拥有数百册书籍。

江在大学里"居厕"读书三年的轶事是博览群书和自由探索的典型写照。1980 年，西南政法学院新的学生宿舍楼建好后，江山所在班级的男生平均分配到 6 人间后还多出一个人。这时候，恰巧学校通知由于水压不足，六楼无法保证供水，六楼厕所停用。于是，特立独行的江在看到这个通知后，竟打起了自己一个人住到厕所的念头：

> 既然厕所不让使用，岂不浪费可惜？既然分配房间多出一人，让出一个岂不可以摆平？既然宿舍有灯火管制，厕所是非管制区，岂不有既可以通宵达旦，也可以

不用去教室抢座的好处？①

经过几番周折，并在一些师长的照顾和宽容之下，江以有所变通的方式拥有了六楼西侧"厕所书房"这一"一片奢华、独立、自主的空间"，并继续开展其"自修自学"的学习：

> 此后三年间，除极少时候外，我很少去教室、图书馆，我不用去占座，不用书包，我可以天天看书至凌晨两点左右。我感谢当年院领导的宽容。
>
> 一千个日日夜夜，我在摆满书的厕所中读《十三经》《二十五史》、诸子百家、西方哲学、历史名著；我亦在厕所中思考，写作，我在厕所中高谈阔论，招待师长朋友……②

诚如林语堂所说，读书没有合适的时间和地点，一个人有读书的心境时，随便什么地方都可以读书。在读书中找到乐趣的江根本不在乎读书环境的好与坏，他满怀激情地在自己的"厕所书房"博览群书，或掩倦深思，或以书会友，乐不可支。这片常人避之不及的空间为江带来的是无限的自由，也正好符合他"自修自学"的学术之路。在《回到"西南"》的自述里，江山把自己在"厕所"读书的后三年归为令人怀念的日子：

---

① 江山：《回到"西南"》，见梁治平等《我的大学》，法律出版社 2004 年版，第 49 页。

② 梁治平等：《我的大学》，法律出版社 2004 年版，第 49 页。

离校前，我还拍摄了几张厕所书房的照片，它们一直被我珍藏着。①

从江的独特经历中也可以看出，一个宽容、自由、人性化的大学氛围，能对学生的个性发展提供充足空间。

在书籍阅读方面，江涉猎广泛。他的专业虽然是法律，其阅读范围涉及中国法制史、中国法制思想史、环境保护法、法理学、法哲学、中国古代政治思想史、甲骨文、中国传统文化等，也包括人们极少涉猎的领域，如算命史、中国美女史等等。

学而不思则罔，江不仅博览群书，还勤于思考、写作和交流。他常常书写读书和思想札记，还就自己阅读和思考的一些问题与杨景凡、匡亚明、李泽厚等多位老师展开书信讨论。一篇关于江山的网文介绍道：

> 小卡片、小本子和笔是江山手边常备之物，随想随记。三餐思书，他会突然顿筷弃碗，去书桌边写起来。长夜思书，辗转无眠，若有所思，会披衣揭被，灯下写至天明。②

在西南政法学院饱览诗书的大学生活，为江今后独特的学术之路奠定了基石。渊博的知识储备使得他在大学的课堂上

---

① 梁治平等：《我的大学》，法律出版社 2004 年版，第 49 页。
② 沈娟：《认识江山》，1997 年 9 月，见 http://www.docin.com/p-87250 7390.html。

侃侃而谈，旁征博引，为学生们介绍艰深理念、指点迷津。学生这样写道：

> 从西方的古希腊寓言，到东方的老庄故事，博学多识的江山老师都能在课堂上信手拈来，且深入浅出地为我们诠释艰深的哲学概念。①

由此可见，读书这个习惯已经融入到江的日常生活之中。不论是"自学成才"的青少年时期，还是特立独行的大学阶段，抑或是侃侃而谈的教书育人生涯，江都一如既往地坚持着他的读书习惯。

五、江山的大学"读书"之"所得"

从江的经历来看，大学阶段的"读书"经历对其影响深远。

在最实际的生存层面，"读书"或者说考上大学并顺利毕业解决了江"农转非，吃商品粮的问题"②。"读书改变命运"，这是出生于 20 世纪 50 年代到 70 年代的中国农民实现社会阶层向上流动的主要渠道。江的校友、1980 级的张绍彦这样写道：

---

① 余孙俐、林莉：《新清华法学 20 年〈明理师说〉》，2015 年 9 月 7 日，见 http://www.tsinghua.edu.cn/publish/law/10127/2015/201509090905 34001924422/20150909090534001924422_.html。

② 江山：《回到"西南"》，见梁治平等《我的大学》，法律出版社 2004 年版，第 49 页。

　　大学四年使自己由一个农村毛孩子"农转非"成为吃商品粮的，并且一举进入国家干部行列，用"跳龙门"来描述当时和自己一样考上大学的农村孩子，最为贴切。那个时代，除了考大学，通过自己努力改变个人命运，选择自己生活的渠道，恐怕别无其他。①

　　在江山、张绍彦上大学的时代，我国实行的是国家按计划分配大学毕业生就业的制度，考上大学并顺利毕业就能拥有工作岗位，获得生活经济来源，实现自食其力。

　　当前，我国大学毕业生就业实行的是自由选择的市场机制，而不是国家"包分配"的计划体制。但是，大学毕业后走上社会，求取职业，自食其力地养活自己依然是每个青年大学生的现实任务，也是大学生真正"成人"的标志。面对优胜劣汰的市场选择机制，大学生更应该在大学里好好"读书"，为自己参与就业市场的竞争做好准备。

　　当然，对于江和当下的大学生而言，"读书"和接受大学教育的意义绝不止于"学会生存"。可以说，"读书"在很大程度上帮助江解决了"我是谁""我如何安身立命"的人生终极问题。

　　17岁的时候，身处政治、情感、体疾等多种压力下的江

---

① 张绍彦：《我的"西南之恋"》，见梁治平等《我的大学》，法律出版社2004年版，第180页。

第一次感觉到人生的黑暗和生存的逼仄，痛苦中的他曾经产生放弃生命的想法。但是，他同时也试图从政治、历史书籍中寻求答案。①

20 岁的时候，经历了两次高考失败后的江决定认真准备第三次高考。可是，当他向父亲提出去武汉一家名牌中学复习备考的打算后，遭到了父亲的反对。极度苦闷的江在那年中秋节的凌晨三点带着两只特大号的狼狗去远足爬山，在一座高山的顶上，江思索着自己的人生和未来：

> 我躺在狗的身上，不知所措地思考着我的未来和前途，太阳从东方升起，映衬着远方县城的轮廓，山脚下一片鸡鸣狗叫，人声、炊烟样样如故，而我茫然无助，不知所归。②

在江的事例中不难发现，他经常通过写作书信、札记等方式记录自己的心路历程、并且不断反思自我。将心中烦恼诉诸笔墨有助于排解困惑、整理思路；而书写记录也有利于人将过去的经历、现在的不安与未来的期待相连结，使人成为一个完整、连贯的个体。

---

① 江山：《回到"西南"》，见梁治平等《我的大学》，法律出版社 2004 年版，第 55—56 页。

② 江山：《回到"西南"》，见梁治平等《我的大学》，法律出版社 2004 年版，第 53 页。

当然，随着阅读、思考和研究的深入，江读书动力与目标发生了改变。在其1983年给杨景凡老师的《思想汇报提纲或我的"自我设计"提纲》书信中，江写道：

> 仅为拯救农民而发奋的生活目标就过于片面了。我把着眼点开始转到以农民为基础的中国和以人类为基础的世界、国际社会。
>
> 我必须学习和熟识历史知识，必须掌握历史发展的规律与原因。①

至此，我们可以看到，从小迷恋"形而上"问题的江已经超越了自身小我的痛苦，转而思考中国农民乃至全人类的共同问题，而这一问题也正是江在其整个学术生涯中试图求解的根本问题。例如，在其2004年前后写作的《回到"西南"》一文中，江指出：

> 痛苦不是经由解脱获得安顿，而当依超越去排遣，依平衡去安抚：体变相养用显，同构互助自足，参与超越趋真。②

---

① 江山：《思想札记》，世界宗教博物馆基金会附设出版社2013年版，第33页。

② 江山：《回到"西南"》，见梁治平等《我的大学》，法律出版社2004年版，第56页。

诚如学者许苏民所指出的，学者是"具有对社会发展一般进程的洞识的人，是燃心为炬照亮历史前进道路的人"，以读书和思考为乐的江选择了"以学术为志业"，在思考全人类社会问题的研究工作中安顿了个体的生命，也为人类探求真理的伟大事业作出了自己独有的贡献。

六、启示："在这个年纪把读书这件事做好"

书籍是凝固的语言，是储存知识最久远也是最可靠的媒介，是教育制度的基础。好书记载着人类历史上的思想成果，记录着他人的经验和智慧。读好书让人得以"穿越时空"与先哲或大师交流，汲取人类的文明瑰宝和他人的智慧。

学习与读书固然是一件终身的事情，但无可否认的是，吸收与理解知识的黄金时期确实有限。古人云："少而好学，如日出之阳；壮而好学，如日中之光；老而好学，如秉烛之明。"大学阶段是一个独立而又自由的时段，没有高考压力，暂时没有经济压力和社会责任的大学生应规划和把握好大学时光，根据自己的兴趣与志向选择阅读书籍，把精力集中在读书上，不断增长知识，树立正确的世界观、价值观、人生观，促进精神成长。

身为清华大学法学院教授的江曾经这样跟学生谈读书：

> 我认为一个人最好的读书时机是从高中开始到研究生结束，也就是十年光景。如果这十年底子打好了，那么你这一辈子受用无穷，你面对任何人、任何东西的时候都会

有别样的感觉。我曾经打过一个比方：一个书读的多的人在街上走，看人的时候就好比一个成年人走进了幼儿园，看到满世界的人，容貌虽似成年人，但他的心理和幼儿园小朋友差不多，每天盯着的就是糖果好吃，而不知道人生的意义和价值为何。所以我们要通过读书丰富自己，提升自己。时不我待，我真心希望你们能在这个年纪把读书这件事做好。这样，将来无论你的生活经历是什么，你的境遇如何，都起码可以做到心理的平衡。这便是一个很好的"得"。人生最大的"得"莫过于心平气和。①

江的这一席话是基于自身求学经历的肺腑之言，也体现了其一贯秉持的读书态度。1981 年 1 月，还是大学二年级学生的江写信给时任西南政法学院法制史教研室主任、科研处长、学术委员会秘书长、院党委委员的杨景凡老师，建议学校"注重培养学生中优秀者，以此增援未来的师资"，其理由之一是：

根据人类智力开发的一般规律，一个人如果在 35 岁以前没有打好基础的话，余下的岁月，在事业、工作上只能穷于应付，即使可能完成任务，未必会有重大的创

---

① 余孙俐、林莉：《新清华法学 20 年〈明理师说〉》，2015 年 9 月 7 日，见 http://www.tsinghua.edu.cn/publish/law/10127/2015/201509090905 34001924422/20150909090534001924422_.html。

造和贡献。①

从这一建议可以看出江的远见，而历史也印证了他的建议的正确性。1977 年恢复高考后首批或稍后几届大学生大多只接受过两年的高中教育，大部分人在入学前是知青、工人、农民、军人，他们能够在学业中断数年后参加高考进入大学，并取得后来的成就，主要得益于自身的好学，尤其是以读书为主的自学，江可谓是其中的一个典型代表。今天，1977 年恢复高考后首批或稍后不久进入大学的几届大学生，很多都成为我国政治、经济、文化等众多领域的重要人物。比如，江所就读的西南政法学院虽然地处西南偏隅，却培养出一批在法学界、实务界有着相当影响的"新三届"②学生，缔造了为人称道的"西政现象"。

关于青年大学生如何读书的问题，江曾在接受采访时指出：

　　读书时要抓住人生的主线，世界的主线，这样才会

---

① 江山:《思想札记》，世界宗教博物馆基金会附设出版社 2013 年版，第 15 页。

② "新三届"：与"老三届"相对、相衔接，新三届的一种说法是指 77、78、79 级的大学生，即"文革"后恢复高考后的三届大学生。而本文的西政"新三届"是指西南政法学院 1978—1981 级的法学学生。http://www.dffyw.com/blog/UploadFiles/2007-6/11637427663.pdf，2019 年 6 月 10 日。

最终形成真正的境界。我们读书一方面是为了解决将来生存的问题，但主要还是要解决做人的问题，心地坦然，这就是你在这个世界的定位。①

对于好书的熟读深思和虚心涵咏可以开阔个人视野，获得智慧，从而帮助一个人从更为广阔的时空里认知自己和认识世界，让一个人为人处世更加明智。中国古话"腹有诗书气自华"所指陈的就是一个人在阅读和内化诗书之后呈现出来的不同的美好精神面貌。培根所言的"读书足以怡情，足以博彩，足以长才。其怡情也，最见于独处幽居之时；其博彩也，最见于高谈阔论之中；其长才也，最见于处世判事之际"②，则指明了读书陶冶情操、增添生活乐趣和助益审势接物智慧的作用。

在快节奏的现代生活中，现在的大学生越来越习惯在电子媒介中进行阅读，利用短暂的时间消遣一些"短平快的文字"。但是，百无聊赖地在网上冲浪、走马观花只会让人囫囵吞枣甚至陷入更深的迷雾。若想获得智慧和修养心性，当前的大学生还需像江一样回归到经典著作当中，为深度阅读抽出专门的时间，让自己与名师大家交流，深入领会丰富的文化遗产

---

① 余孙俐、林莉：《新清华法学 20 年〈明理师说〉》，2015 年 9 月 7 日，见 http://www.tsinghua.edu.cn/publish/law/10127/2015/201509090905 34001924422/20150909090534001924422_.html。

② ［英］唯培根：《论读书》，王佐良《王佐良全集》（第一卷），外语教学与研究出版社 2016 年版，第 78 页。

与结晶。通过阅读形成较为完整的知识体系，建构连贯一致的人生观、世界观与价值观。

江山的读书年代或许已经过去，而属于广大青年学生的读书年代正在眼前，笔者唯愿当代的年轻大学生能够以江山为榜样，在大学阶段好读书，多读好书，不负青春韶华。

第三节　超越自卑，慢慢找到自我
——对俞敏洪北京大学求学经历的解读

对于绝大多数大学生来说，大学阶段是他们离开父母，离开家庭，离开熟悉的自然和社会环境，独立生活的开始。在类似"准社会"的大学里，大学生面对的是来自不同地方、不同家庭的同学；还有，大学生活里除了学习，还有社团、恋爱、实习、兼职等很多活动。很多学生，特别是来自农村的学生，在进入大学后才发现世界之大完全超乎自己的想象，发现其他同学有着丰富的见识或者才艺。于是，他们感到自惭形秽，一时间难以适应大学生活。当然，一旦他们能够超越了自卑，理性认识自我，则能够健康成长。

俞敏洪在大学阶段就是这样一个"寒门子弟"，成功创办新东方教育集团后的他经常在演讲中讲述自己的大学故事和创业故事。其中，他多次讲到，"北大是我自卑的原因"[1]，"没有

---

[1]　俞敏洪：《在绝望中寻找希望》，中信出版社 2014 年版，第 20 页。

北大，就没有我的今天"①。2012年，以俞敏洪创办新东方为原型制作的电影《中国合伙人》上映后反响强烈，俞敏洪的故事激励了很多青年。

本节即为笔者②对俞敏洪（以下简称"俞"）北京大学求学经历的质性研究。文章首先通过实物分析方法解读俞的著作和别人对他的研究文本，从中勾勒出俞体验自卑并超越自卑的过程；在此基础上，笔者借用奥尔波特的健康人格心理学分析其超越自卑并找到自我的一些心理机制。

希望俞的经历能够为当前的大学生有所启示，也希望个体超越自卑寻找自我的典型案例和心理机制能够为辅导员、教师等大学教育工作者提供参考。

一、俞敏洪的个人概况及其三次高考

俞敏洪，男，1962年生于江苏省江阴市一个普通农民家庭。北京大学西方语言文学系1980级本科生，1985年毕业后留校任教。1991年从北京大学辞职，1993年正式创办新东方

---

① 俞说："北大是改变我一生的地方，也是提升我人生价值的地方，毫不夸张地说，没有北大，就没有我的今天。北大给我留下一连串的痛苦时候，也给我留下了很多美好的回忆。回头去看求学那段时光，我还是有很多收获的。正是在美好和痛苦中间，在挫折、挣扎和进步中间，我找到了自我，我开始为自己、为我的家庭、为这个社会做一点有意义的事情。"优米网编著，俞敏洪口述：《在痛苦的世界中尽力而为》，当代中国出版社2012年版，第8页。

② 本节由云南大学高等教育研究院2018级硕士研究生张娇初写，王菊修改完成。

培训学校，2006 年新东方在纽约挂牌上市。目前，新东方已成为中国最大的出国留学生培养基地。

俞经历了三次高考才考上大学，他在《在绝望中寻找希望》一书中曾经写道：

> 村子有个人跟我一样考了两年，当准备一起考第三年的时候，他母亲说找个人结婚。我妈妈让我再考一年，结果第三年考上了。①

对于母亲的支持，俞在 2013 年《开讲啦》的演讲中这样说道：

> 三年高考是母亲一直鼓励着我，使我知道人需要有面对艰难困苦生活的坚毅和努力，一直相信难关总能渡过的。我始终没有放弃我身上唯一的力量，这个力量就是我觉得只要努力，只要奋斗，只要给我足够的时间，我应该能够改变自己的命运，我应该能够让自己的生活变得更好。②

自 1977 年恢复高考到 20 世纪 90 年代，很多青年学生信

---

① 俞敏洪：《在绝望中寻找希》，中信出版社 2014 年版，第 127 页。

② 俞敏洪：《开讲啦：相信奋斗的力量》，2013 年 1 月 4 日。见 https://v.qq.com/x/page/v01286gwfkz.html。

奉和实践着"读书改变命运"的信条。不少人在中考、高考失败后选择补习，再次参加考试以谋取更好的人生出路。

然而，并非人人都能忍受补习和考试的煎熬，也绝非每个家庭都会支持孩子多次参加高考。俞及其母亲对于高考的坚持体现了他们的远见，也体现出其家庭教育中固有的某种持之以恒的家庭文化。

二、"北大是我自卑的原因"

1980 年，经历了三次高考的俞敏洪带着美好的憧憬走进北京大学。对于俞及其那个时代的农村大学生而言，通过奋发读书考上大学可谓是"鲤鱼跳龙门"，更何况，俞考入的是所有学生梦寐以求的中国顶级的学府。

然而，当面对其他同学的时候，俞开始怀疑自我和否定自我，他这样说道：

> 刚进北大时候，我是很开心的，期待会发生很多美好的事情，但是后来就感觉我就像掉进了冰窟窿。①

> 刚进大学时候，我尽管有优秀的书面成绩，但是从小没有接受过系统的教育，在知识面、为人处世、性格方面总还有些缺陷的。我的同学中有部长的儿子、有教授的女儿，大部分都是带有见多识广优越感的城里人，而当时的我挺穷的，一穷二白，身上还穿着打补丁的衣服，脚上穿

① 俞敏洪：《在绝望中寻找希望》，中信出版社 2014 年版，第 180 页。

着农村的土布鞋，操着一口正宗的江阴普通话，像一个小土鳖。很多同学根本听不懂我的讲话，甚至有一次班长站起来问我"俞敏洪，你能不能不讲日语"①。

刚进大学我因为入学考试的英语分数不错被分到了 A 班，说起来很丢人，一个月以后，我就被调到了 C 班——"语言语调及听力障碍班"。这对我来说无疑又是一个打击……外教的课让我漂浮在云里雾里，而我的一口正宗的江阴英语更是让同学们听不懂，为了上课减少尴尬，英语课上也闭口不说②。

把我打倒的、让我感到绝望的是不管我自己在外语学习上如何的吃苦努力，成绩总是赶不上别的同学，同学中用功比我少的，一到考试，他们的成绩总是排在我前面。③

俞初到大学遭遇的困境是由复杂的社会因素构成的，阶层差异、城乡差距、家庭境况、知识文化水平……众多因素使其很难融入"见多识广"的精英学生群体，也在一定程度上遭受了这个群体的排挤与嘲笑，相形见绌和倍受挫折的他感到失落和绝望。俞在《在绝望中寻找希望》一书中说道：

---

① 优米网编著，俞敏洪口述：《在痛苦的世界中尽力而为》，当代中国出版社 2012 年版，第 7 页。
② 优米网编著，俞敏洪口述：《在痛苦的世界中尽力而为》，当代中国出版社 2012 年版，第 8 页。
③ 俞敏洪：《在绝望中寻找希望》，中信出版社 2014 年版，第 180 页。

直到离开北大后，我才发现，北大是我自卑的原因。①

其实，俞的困境反映出的是大学教育不同于基础教育的显著特征，以及很多大学生（尤其是农村大学生）对于大学生活的不适应。进入大学后，大学生面临着独自适应新环境的现实任务，这种独立和适应也是他们走上社会前所必须完成的准备。

更为重要的是，较之单纯强调"学习好"的中小学教育，大学生活对学生的素质要求是综合全面的。正如俞所言，仅有"优秀的书面成绩"是不够的，大学里同辈群体之间的竞争是综合的、多方面的，其中包含着性格、见识、人际交往等软实力的较量，而这些能力在中小学教育中是很少被强调的。

一个人的综合素质与家庭背景和生活环境密不可分。无可否认，来自优渥家庭环境的学生在这些方面通常胜过寒门子弟。很多来自农村的大学新生初进大学都在这种的"综合竞争"当中落于下风，深深地感受到自己的欠缺和不足。可以说，能否适应大学生活和能否全面认识自我决定着大学生如何完成学业，如何度过大学生活，也在很大程度上决定着他们毕业后以什么姿态走上社会，如何开始自己的生活道路。

大学阶段是一个人自我意识觉醒与养成的时期，而俞的自我意识却是以深重的自卑开始的。因为，北大颠覆了他曾经

---

① 俞敏洪：《在绝望中寻找希望》，中信出版社 2014 年版，第 20 页。

熟悉和习惯的一切,使他第一次认识到自己和别人的差距。那么,深刻意识到自身不足的俞是如何突破自卑、重新找到自我,并为后来的人生道路打下基础的呢?

三、"我给自己建立了魔鬼训练"

俞没有在自卑中沉沦下去,也没有逃避学业任务,他接纳了家庭出身和学习能力都不如人的自己。然后,他以坚韧不拔的态度和决心默默努力着。

2011年,俞在接受优米网的采访中这样说道:

> 我给自己建立了魔鬼训练,学习和生活被我安排得满满当当的,真正的从早忙到晚。为了使自己的普通话更标准,让同学听的不像日语,我整整一年的时间,天天拿着收音机在北大树林里模仿播音员的发音。[1]

> 为了打破外语课听不懂的尴尬局面,我决定从听力练习起来,那段时间,除了吃饭睡觉,同学们经常能看到我一个人抱着小小的收音机,有时候晚上熄灯之后为了不吵到同学,我就跑到走廊尽头有灯的地方去练习,一遍遍地听,一遍遍地模仿。[2]

---

[1] 优米网编著,俞敏洪口述:《在痛苦的世界中尽力而为》,当代中国出版社2012年版,第4页。

[2] 张远冰:《从农民到留学教父:新东方创始人俞敏洪的传奇人生》,中国盲文出版社2003年版,第186—187页。

美国心理学家戈登·奥尔波特对健康人格的研究揭示，成熟的人能够自我接纳，拥有挫折耐受性，更为重要的是，他们能够超越挫折感和不幸等负性情绪的羁绊，采取建设性的行动处理自身不足，持续不断地扩展自我。[①]俞在发现自己的普通话和英语听力不好之后，以驽马十驾的努力，锲而不舍地开展了自我训练。

功夫不负苦心人，俞终于补齐了不足，他这样讲道：

终于，这股韧劲得到了回报，勤学苦练也有了成绩，我的英语水平直线上升，从上英语课时候听不懂到听懂七七八八，回答问题也从"牛头不对马嘴"到"八九不离十"了。[②]

俞曾经用"揉面定律"[③]来比喻"韧劲"对于学习和工作

①　姜兆萍：《奥尔波特心理健康思想解析》，浙江教育出版社 2013 年版，第 130 页。

②　张远冰：《从农民到留学教父：新东方创始人俞敏洪的传奇人生》，中国盲文出版社 2003 年版，第 187 页。

③　在 2011 年接受优米网采访中，俞说到，我一直都觉得人是具有"揉面定律"的，意志力较强的人遇到困难、打击、失败、挫折的时候，不是绝望地放弃或者顺从，而是更能适应这个处境，就像是往面粉中间掺水一样，掺水过程不断揉，慢慢变成面团，再拍也散不了。详见优米网编著，俞敏洪口述《在痛苦的世界中尽力而为》，当代中国出版社 2012 年版，第 8 页。

的重要作用。诚如俞所言，持之以恒地坚持做一件事情需要耐心和定力，相应地，这也是磨炼个人意志的不二途径。

坚强的意志力是俞攻克学习难关的重要因素，也是俞把新东方从"一把糨糊刷"的小作坊辅导部发展为全国最大的出国留学生培养基地的重要因素。当然，俞的"韧劲"既有其先天特质因素，也有父母对他的影响，更是其在大学里自我训练的结果。

四、努力成为"单词王"

在学习过程中，俞敏洪发现记单词是自己的长项，他极力发倔自己的这个优势。他在 2011 年接受优米网采访时这样说道：

> 我最擅长的就是记单词，我的词汇量是我自己"最闪光"的地方。①

在接受张远冰采访时，俞这样讲：

> 在北大的后几年，我仗着初生牛犊不怕虎的精神，信心百倍地把时间和精力都放在了词汇、语法、阅读上面，先通过熟背单词打好基础，之后再慢慢练习口

①　优米网编著，俞敏洪口述：《在痛苦的世界中尽力而为》，当代中国出版社 2012 年版，第 5 页。

语。……（我的）词汇量也成了班级上较大的同学。不管什么单词都深深印在我的脑海当中，同学们认为我是"班里小有名气的活字典"，外号叫作"单词王"，后来我也就成了同学们眼中的"大百科全书"。①

俞找到"背单词"这个学习突破口后，开始有针对性地把大量时间投入到单词积累上，终日与字典为伴使他把单词这个最闪光的东西提高到最大和最亮，也为他后来成为词汇专家打好基础。

大学生活尽管丰富多彩，大学生的主要任务还是学习，自主学习和为自己而学是大学教育的根本特点。当前的青年大学生应该如俞一样，结合自身特点找到合适的学习方法，努力攻克学习上的难关，通过努力学习挖掘自身潜力，为自己的人生道路打下坚实的基础。

五、"走进大学，只是一次生命真正的开始"

俞的大学生活充满着挫折和不幸。大学前两年，通过自己的努力奋斗，他学习成绩稍微有了一点起色，能赶上班级的进度，学习劲头正旺。然而，就在大学三年级的第一时期，他被诊断出了肺结核，必须休学一年，进医院休养，这对俞来说无疑是一个噩耗。

---

① 张远冰：《从农民到留学教父：新东方创始人俞敏洪的传奇人生》，中国盲文出版社 2003 年版，第 188 页。

然而，俞并没有被病魔吓倒。相反，他利用这一年来拓展眼界和升华思想。他这样介绍道：

> 我找到了一种既能养病又不耽误学习的好方法。开始在病床上读书思索，通过平均一天两本的阅读速度，将中国古籍和文学典籍看了大半。①

病床上的读书思索潜移默化地影响了俞的价值观念和看待问题的方法，使他对为人处世之理有了清晰而明确的认识，② 也让他浮躁的心慢慢地平静下来。

经过五年的大学生活，本科毕业的俞留校任教了。但是，面对出国深造或者有更好工作的同学，俞依然感到失落。他想要出国留学，就努力考雅思考托福，积极联系国外学校，却因预算不足，出国的梦想最终破灭了。被迫无奈之下，他只得另寻人生出路。他说道：

> 活下去成了我当时的第一选择。身无长技，只能晚上出去授课赚取生活费用。而此时的中国进入九十年代，大家都在拼命地出国，毕业之后三年多的联系国外学校

---

① 　张远冰：《从农民到留学教父：新东方创始人俞敏洪的传奇人生》，中国盲文出版社 2003 年版，第 189—190 页。

② 　优米网编著，俞敏洪口述：《在痛苦的世界中尽力而为》，当代中国出版社 2012 年版，第 5—6 页。

经历使我对国外的考试有了一点了解，于是我开始到外面去教课。①

为了"活下去"，更为了活得更好，1991 年，俞从北京大学辞职，开始在培训机构做英语培训。在教别人学英语的过程中，他发现自己大学时候努力提高词汇量、背单词等英语学习能力完全可以运用到自己未来工作当中。于是，俞有了做自己的培训学校的想法。②1993 年，他正式创办新东方培训学校，2006 年新东方在纽约挂牌上市。2009 年，俞获得 CCTV 年度经济人物。最近十年来，俞及其新东方的故事不断被演绎和传播，激励着很多青年大学生。

回溯俞的经历，我们不难发现，他在大学阶段的发展是缓慢的。或者说，早期缓慢而扎实的积累为其后来的厚积薄发奠定了坚实的根基。诚如其所言：

走进大学，只是一次生命真正的开始。③

北大时候的自卑感觉是一种磨炼，让我在很多情况下都能沉得住气，能比别人多想一些、多看一些。在北

---

①　俞敏洪：《生命如一泓清水》，群言出版社 2007 年版，第 86 页。

②　俞敏洪：《生命如一泓清水》，群言出版社 2007 年版，第 86 页。

③　俞敏洪：《走进大学，只是一次生命真正的开始》，2011 年 9 月 3 日，见 http://www.neworiental.org/news/ymhzl/201109/1143904.html

大的时候，我的成绩并不怎么好，但是我从来没有对自己失望过。①

　　我用笨功夫拼命地去学习，学到最后，吃苦也就变成了一种习惯，当你有一个坚韧不拔的精神，愿意为一个目标去努力的时候，最后你会发现跑得久，也许会比那些跑得快的人成就还要多。②

功不在巧，而在不舍。"沉得住气"的俞"用笨功夫拼命地去学习"，他也就比别人多想了一些、多看了一些。最终，他在漫漫人生道路上比别人走得更远和更好了一些。

奥尔波特认为，人格是一个"动力组织"，永远处于生成（becoming）的状态，经历着持续不断的变化，是一个永不终止的过程。③俞的长远目标和人生理想的形成并不是一蹴而就的过程，而是伴随着他的经历而不断形成和不断完善的。大学时期的俞敏洪或许没有预料到自己未来会创立新东方，但是无可否认，他后来的成绩与当时的刻苦努力是密不可

---

① 优米网编著，俞敏洪口述：《在痛苦的世界中尽力而为》，当代中国出版社 2012 年版，第 8 页。
② 俞敏洪：《在绝望中寻找希望》，中信出版社 2014 年版，第 17—18 页。
③ 姜兆萍：《奥尔波特心理健康思想解析》，浙江教育出版社 2013 年版，第 102—103 页。

分的。

俞的经历启示着大学教育工作者：世界上没有两片完全相同的树叶，比起那些大学时代就才华出众的学子，俞或许只是个不起眼的普通学子。然而，青年的潜力是无穷的，希望广大教师也能够把更多的教育爱给予这些"慢热"的学子，为他们缓慢而茁壮地成长创造更好的条件。

六、启示："没有经历过深刻自卑的自信是虚假的自信"

俞在大学的成长经历对于当前的青年大学生认识自我和确定学习目标有着很好的启示意义。

（一）超越自卑，理性认识自我

面对大学这个全新的环境，刚进入大学的学子难免会感到适应困难出现自我认识偏差，产生自卑感和孤独感，这一切正是一个人获得"现实性知觉"[①]的机缘，能够利用这个机缘客观认识自我并顺利适应大学生活的学子将获得健康成长。

诚如俞所言：没有经历过深刻自卑的自信是虚假的自信[②]，俞在挫折、挣扎和进步的过程中慢慢找到了自我的经历对于我

---

① "现实性知觉"是指心理健康的人能真实、客观地知觉周围现实事物，他们没有活在虚幻的世界里，也不会歪曲现实，以迎合他们自己的知觉。他们拥有必需的知识和技能以作出有效的业绩和生活，有能力忘我地工作。他们正视问题，以问题为中心而不是以自我为中心。参见姜兆萍《奥尔波特心理健康思想解析》，浙江教育出版社 2013 年版，第 130—131 页。

② 俞敏洪：《在绝望中寻找希望》，中信出版社 2014 年版，第 181 页。

们当前的大学生是个极好的榜样。生命是一首唱不完的孤独与自卑的交响曲，而我们就是那个可以选择音符的人，是欢快还是悲伤，决定权在我们自己。

（二）为自己的目标而不懈努力

奥尔波特指出，健康的人生可能会按照多个目标前进，但是都会有一个"主要的意向"，这个意向反映的是人对于自己生活目的的清晰领悟。[①] 回溯俞的学习和发展经历，我们可以看到，他是被"学好普通话""学好英语听力""做词汇量最大的同学""成为中国最好的英语词汇老师之一"[②]、"做成中国最好的英语培训机构之一"[③] 这些目标牵引着一步一步向前发展起来的。

大学阶段是一个人系统认识自我的关键时期，是个体开始往"统我"方向发展的阶段。正是在这个青年晚期，个体"第一次关注未来，关注长远的目标与理想"。[④] 大学生如果能够通过探索和努力客观全面地认识自我，并找到自己的努力方向、职业意向和人生理想，则会朝着健康的方向发展起来。

---

① 姜兆萍：《奥尔波特心理健康思想解析》，浙江教育出版社 2013 年版，第 131 页。

② 俞敏洪：《生命如一泓清水》，群言出版社 2007 年版，第 6 页。

③ 俞敏洪：《生命如一泓清水》，群言出版社 2007 年版，第 7 页。

④ ［美］舒尔茨：《成长心理学》，李文湉译，生活·读书·新知三联书店 1988 年版，第 43 页。

从俞的成长经历中，我们可以看到其父①母对其树立人生目标的深远影响。为促进青年学生健康成长，我国当前的家庭教育和学校教育应加强学生的理想教育，引导和鼓励学生追求高尚的精神生活而不是物质享受。俞 2012 年在上海交通大学的演讲中这样奉劝当代大学生：

> 现在很多同学在大学里不去比思想是不是独特，而去比一些无聊的东西，比穿的名牌衣服哪个更好，比谁的家庭背景更好。走进大学以后，如果我们还在比较到底谁比谁的家庭背景好，谁比谁的成绩好，谁比谁的服装好，谁比谁的长相好，谁比谁的女朋友好，就是缺乏自信的行为。②

---

① 俞敏洪的父亲和泥砌墙，用一堆砖头左拼右凑，一间四四方方的小房子拔地而起，很是干净漂亮，和院子构成了一个和谐的整体。把本来养在露天到处乱跑的猪羊赶进小房子，再把院子打扫干净，结果家里就有了全村人最羡慕的院子和猪舍。当时他只是觉得父亲很了不起，一个人就可以盖一间房子。等到长大以后，才逐渐意识到当时自己的家穷得几乎连吃饭都成问题，没有钱去买砖，是父亲日复一日捡拾砖头碎瓦，才有了足够的砖头来造心中的房子。父亲用行动告诉他，只要你目标明确，有一个造房子的梦想，那么房子一定会有的。详见俞敏洪《生命如一泓清水》，群言出版社 2007 年版，第 6—7 页。
② 俞敏洪：《相信自己有改变命运的能力》，2012 年 8 月 31 日。见 https://v.youku.com/v_show/id_XNDM3OTc3OTQ4.html。

当然，如俞一样，青年学生确定目标既要结合自身特点，也要切合实际。大学阶段的目标可以是攻克某道科学难题，可以是求解某个人生答案，也可以是远大的学术追求和人生抱负。

更为重要的还有，青年学生应如俞一样，为自己的学习目标和人生理想而努力，坚韧不拔，锲而不舍。不然，再好的目标和理想也不过是水中花和镜中月。

生命的意义在于有事情想去做，愿意为了某些东西衣带渐宽终不悔地去努力。少壮不努力，老大徒伤悲。唯愿青年朋友们为自己的理想而挥洒青春的汗水，不让未来的自己因为年轻时虚度光阴而后悔莫及。

第四节　走进象牙塔，走出象牙塔
——对青年建筑设计师乔中美求学经历的访谈

乔，80 后女孩，21 世纪初年进入国内某顶级大学建筑设计专业学习，本科毕业后到美国某著名建筑设计研究生院继续深造，现在美国纽约的设计公司从事建筑设计工作。以下是笔者于 2019 年 2 月 26 日、4 月 23 日对乔的访谈。

一、开场白

王：乔，你好！非常感谢你接受我的采访。

乔：王老师，你好！能作为你的一个研究对象，我也深感荣幸。

王：谢谢乔。我是从咱们共同的朋友叶老师那里知道你的大致经历的——高中时候，你是学弟学妹们仰视的学霸，后来你上名校、出国留学，现在工作的单位是全球知名的设计公司。我想，这些荣誉反映的是你从大学到职场，从学生到"社会人"的成长经历。

乔：是的，王老师，你说得对。上大学到现在的这 16 年来，就是我朝着象牙塔走来又走出的历程。

王：对，对。我以为，这个"走进象牙塔又走出象牙塔"的经历就是青年大学生"成人"的过程，也是大学教育对于个体来说最真切的意义所在。所以，我想通过咱俩的谈话来呈现你的心路历程以及一些关键事件对你的影响。我想，你的故事对当前的大学生一定有很好的励志作用。

乔：王老师过奖了。现在的我并不像高中和大学时代那么意气风发和理想主义了，现实生活磨砺了我，我目前不过是一个过着平淡生活的普通人而已。

王：哈，说得好——"过着平淡生活的普通人"——绝大多数人的人生就是这样的。精英、领袖、英雄等杰出人物毕竟是社会中的极少数，况且，他们在成功成名之前也是"过着平淡生活的普通人"。不过，我以为，每个普通人都可以在平淡生活中活出自己的精彩，甚至逐步实现自己的理想。

乔：嗯，嗯。王老师说得很有道理。

王：呵呵，过来人的一点点人生感悟罢了。乔，我们开始正式访谈吧。

乔：好的，王老师。

二、走进中美名校

王：据我所知，你是2003年考入国内某顶级大学建筑设计专业的。你当时放弃了免试保送上另一所国内名牌大学的资格并通过优异的高考成绩考入该所大学。18岁的你作出这样的选择，我觉得很难能可贵。请问，当时主要是什么力量促使你为自己理想的大学背水一战呢？

乔：这的确是我求学经历中的一个重要事件。当时，我的父母和长辈，特别是一位对建筑设计感兴趣对此行业颇有了解的表哥，比较看好建筑行业的前景，又看我喜欢画画和艺术，就给出了这个建议。我自己也坚信我的潜力可以做到更好，而且我很喜欢那所学校，然后我就尽全力拼搏了一把！

王：最终如愿以偿了，你果然是大学霸。请问，这所顶级大学的老师在知识技能、为人处事方面对你有什么影响？

乔：老师们很优秀，勤奋敬业，专业功底深厚，大多数都有留洋背景，具有广阔的国际视野，在扎实的学术能力基础上，思想上融会贯通东西方的精髓，大气包容，每个人都像一本耐人寻味的好书，常看常新，百读不厌，不论是学术还是为人都是很好的典范。学术方面不用多说，很多都是在中国该领域里的大师级人物。为人方面对学生的长期影响比较重要，是人生成功的重要因素。追求梦想，他们锲而不舍、生命不惜、战斗不止；对待知识，他们一丝不苟、客观诚实、坚持真理；与人相处，他们大方得体、以诚待人、谦和低调。

王：这所大学是所有青年才俊梦寐以求的名校，可以说是汇集了国内品学兼优的好学生，请问你的同窗、同学等同辈群体对你的主要影响是什么呢？

乔：我那时的同学们都很优秀，品学兼优者比比皆是。而且，他们都是内心不服输、不言败、争强好胜的人，这么说可能会给人盛气凌人、咄咄逼人的感觉，其实不然，他们对待学业和面对同窗友谊是不一样的。待人接物时，他们大多为人谦和有礼、谦虚低调、乐于助人。我觉得他们能把各方面平衡好，不容易，能做到，是很值得学习借鉴的。

王：乔，你是怎么想到要出国深造的呢？

乔：大的环境是那时候我的同学们大都想出国。直接的动因嘛，是我暗恋的男生决定要出国。于是，我就满怀激情地跟他一起学 GRE 和托福，开启了我走出国门的海外求学之路。当然，后来我们并没有在一起。现在来看，我当时出国留学也不过是跟着别人走，也许，一个人不知道自己要做什么的时候，也只能参照别人的经验吧。

王：嗯，从众有时候也是一种明智的做法。再说，你跟的都是优秀的人嘛，那就更不会错了。据我所知，你是 2009 年到美国攻读建筑设计硕士的。请问，你觉得是你的哪些实力让你获得这所美国名校的 offer letter 呢？

乔：我觉得自己在求学的道路上还是幸运的，也许是本科学校的声誉和影响力在我申请美国大学研究生院的时候帮了我一把，当时拿到了六所名校的 offer，然后我选择了给奖学金最多的学校。理论上讲，申请建筑学专业的作品集水准是成败的关键，不过在水平相当的作品集摆在一起的时候，其他因素就起决定作用了，比如，个人经历、学校背景、推荐信力度、个人对专业的认识和想法，以及对今后学业的期待和职业理想等。整个过程有主观因素，在实力的基础上也有运气成分。

王：是的，凡事既要讲实力，也要讲求机缘。请问你到这所美国大学研究生院后，有没有感到美国大学教学与国内的不同呢？

乔：我觉得国内外的教育侧重培养的方面不太一样，至少在我那个时代差别还是明显的。以专业课为例，国内更注重学生掌握专业知识技能，为将来工作打下坚实的专业技术基础；而美国更注重思维的培养，让学生天马行空地想问题，表达自我，关注如何孕育想法深化想法实现想法，至于将来工作中的技能，将来工作时再学就好。在美国读研究生期间，经常性的互评研讨是我设计思维形成体系的一个很重要的过程。这其中，每个设计课题的老师和一些善于钻研、想法独特的同学都教了我很多，使我在专业领域的思想认识层面获得进展与突破。当然，较之国内教育，美国大学这种注重思维，不太注重行业实际的教育也会使学生毕业后进入公司的适应期比较长，新入职的时候他们上手会慢一些。

王：嗯，的确各有利弊。下面我们就聊一下你专业学习方面的情况吧。

三、象牙塔里的专业学习

王：你本科学建筑设计，硕士也学建筑设计，工作也一直在设计行业。我想问问，这个专业对于目前的工作，以及对于你整个人的影响是什么呢？或者说，在本科和研究生的课业学习中，你觉得自己从专业学习中得到的收获有哪些呢？

乔：对建筑设计理论系统的学习加上长期的实践训练，让我对美的形式、色彩相对敏感，能习惯性地从很多日常事物中发现美并提炼出艺术，知道如何表达诠释美与艺术，这也让我能更多地带着积极乐观的态度面对平淡的生活，充满激情地改善美化生活。我觉得学到一门专业技术可以自力更生是一方面，另一方面是培养了良好的心智，懂得寻求生活中的美，更加热爱生活。

王：嗯，那我们先说说"自力更生"方面吧。据我所知，你目前就职的设计公司是国际知名公司，您是怎么加盟该公司的呢？

乔：其实，我研究生毕业后在美国找工作挺艰难的。当时正是美国建筑行业不景气的时候。据说，我们那所研究生院的同学以往一毕业就可以拿到 10 个纽约的工作职位邀请，在那一年可能一个都拿不到。我找了很多很多公司，到处海投简历，99% 都石沉大海了。最后，等了一个多月终于等到一个。这个过程非常历练人的心理承受能力，如果当时承受不了，等不得的话，我可能就卷铺盖回国或者怎么着了。那是我的第一个工作单位，我在那个公司做了几年，那个公司的人不太友善，搞得我没有太多的工作激情，心情很不好，就寻思着换工作。之前共事的一位老先生那时候刚好跳槽到我目前在的这家公司，我就请他推荐我，是这位老先生把我带到现在这家公司的。

王：古话说"师傅领进门，修行靠个人"，你能在这个公司立住脚跟，凭的肯定主要是自己的实力。请问你觉得自己的实力是什么呢？

乔：我觉得应该是我的设计有一定的深度吧。比起单纯的套模版程式化做项目，我做设计会比较多地考虑项目的地域文化背景、城市空间关系、客户群体需求、未来发展灵活性，还有就是对环境的正面影响和可持续性。从这些方面做相应的研究探讨，从而生成适应这些方面特点的形态、结构、结构与结构之间的连贯性等，这样设计就能有一定的叙事性，多一些灵活性，能够贴近用户的需要多一些，有的公司比较看重这种"深度设计"。

王：那你是怎么做到"深度设计"的呢？

乔：主要是两个方面。一是跳出圈子看问题。这就是说把思维放宽到建筑设计领域之外，从其他人（客户或者公众）的观察角度看待事物，站在他们的立场思考问题，更贴切于真实的社会需求。二是根据材料特质和空间尺寸进行精细化设计，三维模型与二维图示是研究空间与尺度的工具，特别是三维模型，它对于实际设计的时候处理空间和尺寸非常有帮助；还有，通过动手做模型也才能充分了解材料的构造，我的动手能力就是在一次一次地做模型和画图训练中培养出来的。另外，对美的敏感度帮助实现和完善设计，这种直觉能力是在一次一次忍痛割爱，然后重新锲而不舍地追求完美的过程中培养出来的。

王：那么，你觉得本科阶段的学习是否有效地培养了你的"跳出圈子看问题、动手能力和对美的敏感度"呢？

乔：是的，这些方面能力的形成在很大程度上得益于本科和研究生阶段的学习。建筑设计是一个很综合的学科，是艺术与理工的结合，从贯穿社会科学与自然科学的认识中得到启发。我本科在国内所学的专业课体现了这种综合性。我们学素描、水彩、画法几何、结构力学、材料力学、建筑构造、建筑历史…这些课教会我们一些必需的基本功，给我们搭建了一个知识和技能的平台。学校每年还要求学生修一些系内系外的选修课，可以跟专业相关，也可以不相关，主要是拓展多领域的知识。这些通识教育课程让我认识到自己在知识的海洋里多么渺小，从而培养了我探索新鲜事物的好奇心，也是一个再次自我认识的过程，到底什么是自己最感兴趣的，自己适合做什么，打开思路多多益善。另外，在做设计的时候能从其他领域中汲取灵感也是很必要的。

王：美国的研究生院对你专业能力的培养情况又如何呢？

乔：除了前面说到的老师和同学之间经常性的互评研讨帮助我形成自己的设计思维并形成体系外，研究生阶段的学习还培养了我缜密的逻辑思维、精益求精的精神和娴熟的动手能力。比如,我们有一门课程是 6 学分的"建筑设计课题",任课教师是韩裔美国人,这位老师的思维非常严密,他总是追问我们为什么要这么设计,要我们把设计的理由讲清楚,所以,上这门课很痛苦,同学们的抱怨也很多。但是,一旦我们把老师的疑问都解决了,就发现我们的设计从概念到方案一气呵成,非常流畅完整。还有,这位老师还要求我们在设计的每个阶段都要用手工模型来表达思维,他对模型的精度要求很高,我们经常熬夜来做他课程的模型,等我们把这些痛苦的过程都坚持熬下来以后,就发现自己的收获真的很多。对于建筑设计师,模型是我们设计思维的空间三维具象表达。这种精益求精的训练为我打下了有能力做"深度设计"的基本功。

王:嗯,果然是严师出高徒。这么听下来,我感觉你在美国一定学得很辛苦吧?

乔:是的。我在美国读的是两年制的建筑学硕士,一共四个学期。学习任务很重,每学期四门课,三门每门三学分的课(专业理论课),还有刚刚说的这门六学分的课("建筑设计课题"),第四学期这个六学分的课就是毕业设计。每周七天基本上天天都要做作业。每天除了上课、吃饭、睡觉、处理杂务等时间之外,都在图书馆和专业设计教室中看书、画图、做模型、写大小论文、写大小报告、准备汇报材料、准备考试等等。每学期至少熬夜通宵两次,准备设计课题的中期汇报和结题汇报,每一门三学分的课,至少有四次考试,或者三到五篇论文,或者四次左右个人研究成果汇报和三四次小组讨论。每门课要读的书平均有四五本，另外，每学期还有一些实地考察的学时。任务是相当重的，只有很少的时间时而跟同学一起改善个伙食，时而一起开车附近走走，抽时间谈恋爱都奢侈得不敢想。

王：哦，每门课要读书平均有四五本，那么，一个学期的四门课程岂不是要读十多、二十本书（全英文吧），能读完吗？您们是怎么读的？（国内有的大学的学生怕是一学期也不一定读完一本书哩）

乔：读不完啊！呵呵。只能选择着读，读那些自己最感兴趣的章节，然后写跟那些内容有关的读书笔记或者是论文。老师的主旨是推荐书给我们，不是严格要求读完的。

王：请你介绍一下国内和国外大学在作业、考试、成绩评定等方面的要求，谢谢！

乔：其实在国内读大学时候的成绩评定组成部分跟在美国读研的时候差不多，由平时作业、平时测验、讨论汇报、论文、考试等组成，不是期末考试一锤定音，而是综合考查。只是，在国内是百分制，在美国是 ABC 分级制。

王：那么，任课教师对学生的课程评分有没有什么不同呢？

乔：美国大学对学生的成绩评定更看重学生想法的原创性和探讨问题的启发性，然后如何用严谨的思维把这个问题的探讨和解决推向更深度或是更广度的探索层面，用建筑语言最准确地把这个研究探索的过程表达出来。就以最重要的那门六学分的"建筑设计课题"来说，就要求从一个有价值探讨的问题出发，（不论是自然的现象，还是社会的问题，还是人与自然的关系，还是人与人之间的联接……）聚焦在此问题的一个焦点上，然后在大千世界中找到一条研究路径，也就是一套研究的方法，进而用几何模型的语言诠释，从抽象到具体，不断地建模，不断地得到接近完美答案的空间系统，再经过设计优化，模型重构，获得里程碑式的成果，为开启未来相关问题的探索建立起一个平台。这就是教授希望看到的有始有终的动态研究进程和最大化地开启某个领域的可能性，而不只是看起来如此即如此的静态结果展示。

王：那你是如何让自己适应了美国教师的这种评价的呢？

乔：我觉得理解一门课的意义和学习目标，找对努力方向很重要。有时，如果只是一腔热情一股劲儿努力做，但是方向不对，做的东西不是这门课要的，还是会被打成不及格的分数，所以找对方向上轨道很重要，这其实也需要积极跟老师讨论，才容易更有效地获得这方面的指导，不至于走歪了。走上轨道后，就是思考加勤奋的作用了，毫无疑问，这是跟成绩成正比的。用心和勤奋，老师从作业讨论中就可以看出，看似主观，却也公正。

王：嗯。你怎么评价这种评分上的不同呢？

乔：我觉得对于建筑系的课程，没有绝对的对错之分，也没有特别明确的标准。实际上，课程的评分只是一个监督体制，获得一个好成绩不应该成为修课程的终极目标。真正学到知识、获得能力、培养兴趣才是参加课程对于求知过程的意义所在。

王：真好，我觉得你兼采了中西建筑教育之所长，难怪能够在美国建筑设计行业站稳脚跟。接下来，我们简单聊聊你毕业后工作的情况吧。

乔：好的，王老师。

四、走出象牙塔之后

王：乔，咋俩刚刚一开始谈话的时候，你说"自己目前不过是一个过着平淡生活的普通人"，我反倒觉得这正是你"学会生存"的标志啊！因此，我想了解了解你工作后的心路历程。

乔：王老师，是这样的，我在国内上高中、上大学、包括到美国上研究生期间都有一种自己是"老大"的感觉，也曾信誓旦旦地要取得成功，作出大事业来。进入社会后才发现人生并没有想象中那么顺利。就说第一步找工作等待应聘结果就是一个非常历练耐心的过程，海投简历，然后收到一个纽约的小型建筑事务所的工作面试通知，然后到纽约面试得到offer……从始至终，整个人倍受煎熬。

王：自 2003 年上大学以来到现在，您有没有碰到什么重大的挫折、困难，或者说有没有过一段比较艰难的时光，你又是怎么走出来的呢？

乔：挫折倒是没有，应该说，我其实很幸运，特别是读书阶段。困难倒是不少，比如，为了找工作，还得拉下脸皮，低下头去求别人，"老大"的感觉完全没有了。还有，刚进职场时跟同事相处也是磕磕绊绊的……就在这些一桩桩一件件自己亲身体验的实践中，我才慢慢懂得了什么是生活，懂得了怎么做人。我现在的一小点人生体会就是，人生有过不完的坎，没有过不去的坎，一切尽在努力中，海阔天空在前方！

王：是的，生活和社会才是最难读的书。求学的路很苦，求职的路也很苦，职场打拼更是不容易。我还想问的是，这么多年来，当面对孤独、迷茫、失落、烦恼、忧愁、困难、压力，以及有时候显得平淡无聊的生活的时候，您是怎么走过来的呢？

乔：一个人打拼的确很苦，当我苦闷或者负面情绪憋不住的时候，我会和爸爸妈妈、同事、朋友倾诉倾诉，他们就会从另一个角度来帮我分析问题，这就会让我打开视野，把心放开，不再去钻牛角尖了。

王：嗯，每个人都不是孤立的个体，都有着自己的社会支持系统。社会支持系统是一个人身心健康的重要支持。请问，你的兴趣爱好或者休闲方式是什么呢？

乔：本科阶段，我每两三天就跑一次3000米或者5000米，参加建筑系的女子篮球队训练，每两周游泳一次，还参加赛艇训练。这些体育活动带给我更多的正能量，跟同学朋友一起的时候笑声更爽朗，一个人奋发苦读钻研课业的时候，也更有韧性和信心，人看起来精神了，心情舒畅愉悦了，就更加热爱生活和学习。另外，我课业之余会参加其他一些民间社团，比如美术社、舞蹈社、摄影协会、杂志社等，让自己接触的活动多样一些，多认识一些朋友，这些社团活动对身心都是很好的调节，课业压力大、心情郁闷的时候，参加一下就感觉好多了。另外，接触一些其他系的朋友，他们能给我传递一些新鲜的文化和感受。工作以后呢，我越来越喜欢唐诗宋词这些中国古典文学了，慢慢地能体会古诗词的那种意境之美，或许是因为自己也有了一些生活阅历和情感沉淀，有些情景感同身受，心有灵犀，达到思想的共鸣。

王：嗯，有个人兴趣爱好的人不容易感到无聊。我也挺喜欢中国古典文学的。耽误你很久了，现在我们来总结一下咱们的谈话吧。

乔：好的。

五、回望象牙塔

王：中国有句古话叫作"不忘初心，方得始终"。请问，今天的你和 2003 年那个意气风发满怀梦想和憧憬的高中生有什么相同或者不同呢？或者说，你的人生理想实现了多少？改变了多少？

乔：王老师的这个问题问得很深，很有力度，触发我去回望过去的自己，反思现在的生活，想想自己究竟想要什么，想要什么样的生活，想成为怎么样的人。

王：谢谢。我是觉得大学阶段是一个人构建人生观、世界观和价值观雏形的紧要阶段，也是一个人初步确定人生目标的阶段。一个人在青年时代立下的人生目标会如同一颗种子一样埋在我们心里，总有一天它会生长发芽，开花结果。当然，这个过程会很长，甚至，我们有时候会因为生活琐事而暂时把这个目标放下。但是，我相信一个信念坚定的人一定会在合适的时机再次朝着梦想的目标再出发。

乔：王老师说得对。我现在是一个忙着养活自己的职场人，每天都在工作、加班，通过各种消费处理生活琐事，没有做成什么像样的大事。我偶尔也会觉得自己的生活特别是精神生活似乎缺少了主心骨，曾经的理想都去哪里了呢？我会因为时而迷失自我而感到悲哀。我很羡慕那些依然胸怀梦想的同学和朋友，我也很羡慕那些敢于创业的人。所以，我觉得自己应该找个合适的时机去再学习再受教育，通过进修梳理一下自己，进一步明确人生兴趣点，把经验和理想结合起来，再决定向哪里进发，以及如何找回曾经的自己。虽然，我目前对于未来还没有清晰的愿景，但是，我想是应该这样去做，我也会这样去做的。

王：乔，如果我从一个过来人和教育研究者的角度来说的话，我觉得你参加工作这几年其实就是在完成"学会生存"这项每个独立的个体都必须自己完成的人生重任，你已经做到了自己养活自己，你就成功了。所以，你根本不用气馁。等过了这个生存初创阶段，我相信你一定会重拾理想再出发！我衷心地祝福你越来越好！

乔：也谢谢王老师的鼓励！谢谢王老师的祝福！

六、寄语

王：乔，衷心感谢你如此坦诚地跟我分享你的经历和内心世界。你无私的支持为我的研究提供了一个非常典型的"学霸"故事，我相信有幸读到你的故事的青年大学生一定会深受启发。不知你有没有什么寄语要送给现在的青年大学生呢？

乔：其实也没什么。如果一定要说点什么，那么，就跟青年朋友分享以下感悟吧：人生的每一次积极正面的经历都是塑造人格所必需的，不断充实着人的精神世界，让人活得有意义。人活着意义何在，也许自觉自愿地去经历一些事情后就能领悟到其中的真谛。那就放开胸怀，去干吧！

第五节　慢慢修炼自我成长的力量
——一位母亲关于女儿港大生活的札记

转眼间又是一年高考季，恍惚中似乎才去到香港大学的女儿居然很快就要毕业了。我在感叹岁月无痕流去的同时，不由得想起了女儿这四年里的变化，想起了曾经深深触动我的一些点点滴滴，心潮也就跟着起起落落……且让我将一些随想诉诸笔端，以平复内心无尽的感慨吧。

一、"你们把我一个人丢在了这里"

我的女儿丹于 2015 年以全国统一高考云南省文科第 19 名的成绩申请香港大学，最终被录取，并获得奖学金。

当年 8 月底，我送丹到港大。赴港学习，这是她第一次离开家，第一次开始住校生活。宿舍在利希慎堂（Lee Hysan Hall）①，位于沙宣道，距离港大主校园六七公里。在陪同她的几天里，我跟她一起试乘了几次往返学校和宿舍之间的巴士，购买了一些生活用品，安顿好宿舍，大致熟悉了一下校园和宿舍周边环境。

8月25日是我离开香港的前一天。那晚，在叮嘱了一些事项后，我准备前往我住的酒店。丹送我到宿舍外面的公交站台等巴士。大约是晚上10点来钟，夏夜的凉风丝丝地吹着。突然，她对我说了一句：

你们把我一个人丢在了这里。

我的心顿时"咯噔"了一下——女儿说出了她的害怕，也说出来我的担忧：我们把她一个人留在香港！

我不记得自己当时是怎么劝慰她的，想必那拙笨的劝慰也是没用的。因为，坐上巴士后，我的泪水就哗啦啦地流起来了，彻骨的心痛，还有无尽的害怕和担忧劈头盖脸地向我袭来……巴士在香港高低起伏崎岖狭窄的道路上飞驰，经过一个个陌生的地名，经过一团团陌生的场景——这是一个黑幽幽的

---

① 港大校园和学生宿舍的建筑均以人名而称，其名或为捐助人士，或为知名校友，或为港大历史上有建树的校长。利希慎堂（Lee Hysan Hall）由香港早期著名商人 Lee Hysan（1879—1928，原名利应，名辑世，字迁羡）的后人于1992年捐资建盖。

城市，我把女儿送来了这个黑幽幽的、连我自己都害怕的地方……心痛、害怕和担忧中，我坐过了站，到了终点却不知道如何换乘，只得又原车返回沙宣道重新再坐。当巴士回到沙宣道的时候，我忍住了去往女儿宿舍的冲动，狠着心重新搭乘巴士回到酒店。

我走了以后，孤零零在香港的丹开始打理自己的生活，买东西、解决一日三餐、浆洗衣服、预订机票什么的，这些之前全部由我们父母搞定的生活琐事都得她自己去做了。为了避免遗漏什么，丹把缴学费、选课、课堂展示、期末评课、信用卡还款等事项一条条写在"to do list"便签上，挂在宿舍记事板上，或者写成随身携带的 schedule，然后，一桩桩一件件地去完成。

半年后的寒假里，女儿这样跟我讲述她在香港的生活：

> 妈妈，在香港，我简直就像一支部队，随时准备出征，还总担心什么事情没有处理好。

一个人"像一支部队"那样生活一段时间后，丹学会了独立打理生活。她甚至会带着保护壳去超市买鸡蛋，以免鸡蛋被碰坏。

大学四年，丹从一个饭来张口衣来伸手的中学生学会了独立生活。2018 年春季学期，她只身赴瑞士，不但完成了在苏黎世大学的学习，还游览了整个欧洲。对于现在的她来说，独自生活在香港或者其他地方已不是问题。

目前，丹打算毕业留在香港工作。她留住利希慎堂到 8 月的申请获得批准，8 月份以后的租房合同也签好了，她高兴地告诉我们 8 月份有住处了。

女儿的毕业打算让我想起她在某封家书中描述香港的一段话：

> 香港是一个物质过剩，物质欲望也过剩的社会。但它这样喧喧闹闹、嘈嘈杂杂的环境也让我觉得没什么不好。
>
> 因为它是十分复杂，矛盾集中却又多样的。它依然（在我看来）是充满活力和张力的。人们可以在这里冲动消费，也可以领略世界各地的文化，可以被本港居民的广东话淹没，也可以被多种欧洲语言惊艳，可以以香港为立足点分析经济大势，可以深入街头巷尾聚焦社会矛盾……
>
> 我生活的城市，不是你们新闻中看到的"不安分"的香港，也不是其他人眼中的繁华都市。只是我选择的城市，我选择的起点而已。[1]

二、"我们每个人有不同的选择"

在港大，无论学习，还是生活，都有着多种可能性，个人可自主选择余地甚大。

---

[1] 摘自丹 2016 年 3 月 20 日写给母亲的书信。

先说说选课吧。丹所在的是文学院，文学院下设中文学院、人文学院、现代语言学院、佛学中心等等。大一阶段，文学院所有同学都在修读基础课程，但是，每个同学也可自行选择课程和教师。丹的室友和她同在文学院，也是内地生，一年下来，两人竟然没有一门相同的课程。其实，纵使她们选了同样的课程，也会选择不同的授课教师；即便选了同一个教师的同一门课程，也只可能在讲座型的大课里一同上课，到了tutor 任教的导修课 tutorial，则会分到不同的小班开展研讨和汇报。有一次，我问她，你们怎么不约着上同一门课呢？她立马申明："妈妈，你要知道，我们每个人有不同的选择！"

不过，丹也指出，自由选课意味着自己承担选择的后果。有的课程难度大，给分也普遍不好，但会有学生冲着一个有趣的话题或者一个有魅力的老师而来；也有的平淡如水，但基础踏实，适合努力又追求高分的同学。①

再说港大校内交通选择。港大主校园位于龙虎山东北侧，数十栋建筑楼群依山势顺坡而建，见缝插针，彼此联通，线路错综复杂，由老校园和百周年纪念校园共同构成的港大主校园宛若"山地迷宫"。为减少爬行之累，不同楼栋之间多以电梯或天桥连接，每幢楼都有多部电梯，每个楼层有很多出口，基本每个出口都是开放的，于是形成了多元多样的内部通行线路。比如，从百周年校园到老校园主楼起码有 4 条道路可供选

---

① 摘自丹所提供的 2017 年 1 月 21 日的日记。

择，每天每时，讲着不同语言的不同肤色的上万名港大学子或游人① 自由穿行在校园，各人却走着不同的路线，仿如各自不同的成长道路。

还可以一说的是吃饭时间和地点的可选择性，这也是让人很有感触的方面。港大校园共有七八个饮食场所，SU（学生会食堂）、美心、Delifrance、cafe330、一念素食、印度餐厅等，大部分地方白天时时供餐，可灵活选择用餐时间。比如，某个周一的早晨，下了游泳课的丹在 10：30 走进 Delifrance，开始午餐。11：00，她结束午餐，前往逸夫教学楼 10 楼准备上 12：30 的课。16：30 下课时，她走进 cafe330 买个香蕉补充补充能量。

当然，最值得说的是学习地点的可选择性。港大校园几乎遍处都是"学习中心"，除了可供自习的教室外，教学楼的门厅里有桌椅和吧台，大学街北侧有桌椅，电源插座充分，可供学习所用。你能看到楼道的回廊、花台，甚至楼梯、校园的石凳和咖啡馆外面的桌椅上，到处都是在学习的人群。

图书馆和智华馆是学生最为集中的两个地方。这两个地方的书桌，有的已经很古旧了，有的非常新潮现代。学习桌有四方形、三角形、圆形和半圆的，还有吧台。座椅呢，固定靠椅、转椅、高脚凳，多种多样，还有随意沙发。至于桌椅的颜

---

① 港大主校园位于地铁港岛线上，有一部电梯从站台直通大学街，校园没有围墙，游人可自由出入。港大的美术馆也是对公众免费开放的。

色，绿的、黄的、蓝的、红的、白的，灰的，五颜六色。

在图书馆和智华馆，你既可以选择公共区域，独坐或者与人共用桌台；你还可以到 quiet study room，安静地学习。你甚至可以预定 2 人到 10 人大小不等的独立研究室，研究室都是独立房间，内有环形研讨桌和投影仪。

或许，正是因为港大的学习和生活拥有多种选择，一些个体性或个性化的需求有望实现吧，我感觉丹的思维变得越来越灵活了。

三、"学得好是美好光荣的"

丹曾经这样戏谑自己在港大的学习："大学选得好，个个期末像高考。"

港大教学多使用英语，少数课程使用广东话，教学材料全是英文，这对于很多内地生都是全新的挑战。丹主修比较文学，辅修德语和新闻，还选修了美术史课程和广东话，可以说，众多学习任务占据了她的大部分时间。

在跟我交流时，丹说到，她觉得大学学习和高中阶段最大的不同是"自主学习"。她曾经在大二上学期的日记中这样写着：

> 课堂的时间只是学习过程中的一小部分，而学生在课外的功夫，阅读材料、准备演示、小组合作项目和个人构思的论文，才是促进学习的主要方式，也是最终评分的主要依据。这也意味着学生为这一门课花的时间是

无法确定的，有的人或许只是上课，草草应付功课；也有的仔细钻研阅读，甚至把推荐阅读和任何相关的书籍都研习了。这时，学习主要依凭的是自主性，强制或规定也都不再成为限制。①

我曾经问过她："港大学生会不会逃课？"她告诉我，确实有不少学生会在大课走堂（翘课），毕竟大多数课都不会点名或登记。但是，由于港大的课程主要是学生自主选择，每个人都可以在一定范围内找到自己感兴趣的主题或者喜欢的老师。而且，港大的多数老师不但学术水平很高，而且对教学很认真，不少老师真的想让学生学到点东西。因此，不认真听课和逃课的学生总体来说是少数，毕竟大家在课堂上的确是能学到东西的。

不过，女儿大概是在大三上学期才对学习的"自主性"有了切身的体会，触发这个体会的是她的课程作业"论弗洛伊德的恋母情结理论"得了"A+"，这是她的论文第一次获得"A+"。她激动得当天就打电话跟我分享这个好消息。她说：

妈妈，你知道为什么会得"A+"吗？那是因为这次我写的完全是我自己对原文的理解。真的，写的就是我自己的理解。之前，我都不怎么敢写自己的理解。我在阅读英文原著的时候常常怀疑自己的理解到底对不对，

① 来自丹所提供的 2017 年 1 月 21 日的日记。

作者的原意是我理解的这个吗？然后，我就会去网络或者其他地方查找"标准答案"来核实自己的理解是否正确，再把自己的理解向"标准答案"尽量靠拢一些。

丹的话让我想起了她为高考奋斗的日日月月，想起她经历过的周测、月考、模拟考试，想起那些曾经被她视为"珍宝"的各门学科的"纠错本"……以应试为主要目标的基础教育为多少孩子打上了"标准答案"的深重烙印，把多少孩子的体验、情感和思想局限在"标准答案"框子里。然而，作为人类文明精粹的学术经典的意义不正在于常读常新吗？哪能"标准化"！再有，孩子长大后将要面对的是变动不居的社会，他们的人生又哪有什么唯一的那个"标准答案"呢？

后来，丹的学习越来越"自主"。学习越来越自主以后，她变得越来越自信。当我问她，任课老师要求读的那些原著什么的，你能读完吗？她自豪地回答我：

> 阅读材料不一定要全部读完嘛。至于一篇英语文章，abstract 和前半部分就把全文的主要观点、分析思路呈现出来了，后面的内容不过是强调或深化罢了。所以，我不用读完全文，我也比一些读完全文的人理解得好，因为我读得仔细。

丹还告诉我，自从体会到自主学习这点后，她在讨论课上也更敢于表达自己的观点了，不再像以前那样怯生生地听别人发言了；因为观点比较新颖，她越来越多地成为引领讨论的人。哦，对了，就在不久前的 4 月份，她还为自己某篇得了"B+"的文章去跟老师交换意见。在她介绍自己为写作那个主题查阅了老师没有介绍的一些参考资料后，老师给了她重新提交作业的机会。

过去四年，我常常听丹说起还有很多 readings 要完成，如果不完成，上课就很尴尬，什么都学不到。我还不时听她说，就要轮到她做课堂汇报（presentation）了，报告主题还不是特别清晰，陈述的逻辑还需要调整……到了学期末，她偶尔会打来电话诉说自己最近天天起早贪黑地写论文，可还没有写完，恐怕还得熬几天。

四年过去了，女儿熬下来了，她渐渐习惯了阅读大量英文文献，她的文献综述、课堂演示、学术论文、应用文、影评和新闻报道也越做越好。

在临毕业前的日记里，丹这样写道：

> 我很感激港大，没有让我的大学生活太容易、太自在，不容我耽于一物，也未给我太多时间消费自己消费青春。在所学的东西中找到兴趣，并且真的愿意去学习，觉得学得好是美好光荣的。①

---

① 来自丹所提供的 2019 年 3 月 20 日的日记。

四、"求学不求分"

"求学不求分"是港大 2017—2018 学年第一学期通识教育的活动主题之一，① 这个主题集中反映了学校的通识教育理念。港大的通识教育始于 1995 年，围绕"明德格物"的校训，学校不但开发设计了核心课程体系，还面向全体学生实施"无学分修养通识教育计划"，学生可根据兴趣自由选择。

负责"无学分修养通识教育计划"的部门简称 GE（Generation Education Department），GE 负责组织设计和主题类、活动类项目。主题部分涵盖艺术与文化、政治、可持续发展、商业与经济和个人励志 5 个方面。比如，龙应台在 2017 年秋季学期所作"To Believe or Not to Believe"即为个人励志类主题演讲。活动部分包括交流/论坛、沙龙/工作坊、录像/演出、田野调查、聚会等项目，类型多样，比如，"心之瑜伽练习""主持技巧工作坊""永续耕种体验"等等。例如，著名剧作家林奕华在 2017 年秋季学期为学生开出一共 4 期的"集中创作营"，通过影片和文学作品分析向学生介绍文字如何"雕凿"生活，"雕凿"自己。

在我看来，丹在港大的课外生活就很有"求学不求分"的意味。象征性付费就可修读的"心之瑜伽练习"和自由泳被她像课程一样上起来，各种讲座、艺术展览、音乐会、电影把她的课余时间占得满满的。她在大二的时候参加了美术学会

① Finding My Hygge：8.

(Fine Arts Society)，担任副主席，负责组织会员参观艺术展览、举办社团义卖、职业讲坛、学会纳新、换届等事宜，这些也是她课外生活的重要内容。丹说，一般的同学都会参加1—2个社团，不然，大学生活也显得太孤家寡人了。

还有，港大沿袭着英国大学住宿学院的一些传统，很注重宿舍文化。女儿所住的利希慎堂，设有学生组成的自主管理委员会，负责整栋宿舍楼（15层200余间房300多学生）的文化生活，其中最为重要的就是每个月一次的高桌晚宴，晚宴从下午6点开始，先是讲座、表演等主题活动，然后是舍友聚餐，最后是作为舍堂传统节目的舞狮表演。晚宴的地点根据当月的主题来确定，通常都会选择有历史意义和文化意义的地方。比如，第一次晚宴就在学校主楼的陆佑堂①举行，演讲嘉宾是舍堂资助者 Lee Hysan 的后人；2017年10月的高桌晚宴在维多利亚港湾东北角的游轮上举行。高桌晚宴是舍堂最重要的社交活动，大家都身着正装，女生们必定要精心打扮一番。我想，这些对丹也是一种文化熏陶。

校园之外的香港，是全球文化艺术中心之一，各国的电影新片都会较早在这里上映，莫奈、梵高等古今中外很多知名

---

① 陆佑堂由在香港生活了50年的印度富商 Mody 出资，始建于1912年。1916年，詹天佑在此接受荣誉博士学位；1923年，孙中山在这里用英文演讲"我的革命思想来源"；1933年，萧伯纳在这里讨论共产主义。2017年10月，台湾作家龙应台在这里用英文演讲"To Believe or Not to Believe"，著名演员林青霞到场聆听。

艺术家的作品都会在这里展出，很多知名艺术团也都会到这里举办演出。受到艺术感染后的女儿会不时拿起中断了几年的画笔，要么素描，要么泼墨，或者临摹作品，或者把自己的感受表达成一幅画。

2017 年 10 月，我到香港短期访学期间，女儿带我去听了龙应台的讲座，看了最新上映的电影，欣赏了音乐会，还到九龙、新界看了几次画展。看她乐不可支的样子，我问丹是不是很喜欢这样的生活。她告诉我：

> 是啊，我喜欢这样的生活。我希望自己将来可以生活在有电影节、有艺术节的城市。

五、"未来……没有那么可怕"

应该是从感到自己孤零零地"被丢在了香港"那会儿开始吧，丹意识到自己已不能再像以往那样依靠父母了，她开始思考成长问题。

2015 年国庆节期间，她父亲去港大看她。事后，丹在家书中这样写道：

> 爸爸来探望我的时候，我的内心感到很温暖的。……
> ……那种有自己可以依靠的人在身边的感觉是温暖而奇妙呢。当时我很害怕德语课的导修老师，因为老师很严肃而且总在讲我不太听得懂的德语。但爸爸的到来

给予我向他及时提问的勇气——每当我听不懂时，我马上请他用英语解释，于是很快我便完全理解了。

你们也许会奇怪，这么简单的事情，平时有什么不能做的。我也不知道。或许是因为这些"勇敢"的事情加起来其实是在要求一个更自信无畏的我，而我暂时无法随时都保持那样。

但你们的到来，我们的到来相聚毕竟是短暂的。我们最初的分别就像是树枝从树干上砍了下来，即使中间的切痕是完全对应，可以重合的，也不能再长回同一棵树了。倘若强求，必是另一般痛苦。

所以，在接下来千百个无依的日子里，我要长成一棵树，风雨无阻。那短暂的温暖是慰藉，是甜品，而非养料。我会把你们带给我的，存放在心里，需要时提取出来。但成长的力量，只能来自自身，来自内在。[①]

如丹所感受到的，"从树干上砍了下来"的"树枝"已然离开原有的舒适区。她只能自己去成长，自己去面对"风雨"。比如，骤然从汉语和普通话为主的内地来到英语和广东话为主的香港，面对陌生的德语和陌生的德国老师——双重语言"关卡"，怎么办？——她鼓起了勇气，请老师用英语解释德语，从而开启了英语—德语学习进程。

---

① 摘自丹 2016 年 3 月 20 日的家书。

然而，"心理断乳"绝非一蹴而就的事情。在由成长烦恼组成的青春里，丹不断经历着心理上的"风雨"和"冰霜"。在谈话中，在电话里，在微信，在书信里，她这样说道或写道：

> 我感觉到的，似乎是空洞，像是一种难以解救的孤立。
>
> 许多人觉得我是很开心的人，我的确是。可我有时候也发觉自己不知要如何理直气壮地表达忧伤、不安和烦闷……
>
> 我彷徨在夜里，迷失在清醒与浅睡的隔层……这种感觉有些像在拥挤的地铁站挤人排队，却不知要坐去何方。很多时候，我希望自己有明确的目标。但又觉得，这样的目标或方向不过虚幻。
>
> 21 岁了，还未活成想要的样子，还在挣扎，我很抱歉。①
>
> ……

当然，在体验、抒写和倾诉孤独、忧伤、彷徨、迷茫等情绪之后，丹通常都能从消极状态中挣扎出来，去做该做的事情，比如，她会在书信的末尾写道：

---

① 摘自丹 2018 年 5 月 3 日写给母亲的书信。

写了 50 分钟，不知所言，相信我其实也没有自己描述的那么惨，明早还要游泳呢！

我并不需要迷茫，也没有时间迷茫，只有踏实去做才是最重要的。

……

最近，即将毕业的女儿可谓忙乱得不可开交，写着毕业前论文，继续做着兼职，还要找毕业后住房。最令人沮丧的莫过于那些石沉大海的求职申请了——每一份简历和每一封求职陈述可都是精心写作和修改后，鼓足勇气，怀着信心投出去的啊，结果，杳无音信……

无奈之下，丹在反思和冷静后写下了自嘲和自勉的话：

因为种种，种种原因

读书到就业的跳跃似乎短期内难以完成

但是

无论如何

我毕业了，这是值得庆贺的！

我知道自己的理想

我知道理想很遥远

我知道立足社会很难

我知道自己还不够好

不过，我总要去努力吧？

我有什么好害怕的呢？
——我不过是个从零开始的大学毕业生嘛。
先找个能够养活自己的工作
然后，朝着目标前进！

我希望
未来的我
可以把自己的经历写成故事

未来只是尚未到来罢了
没有那么可怕

六、父母的心愿：静待你长成一棵树

过去四年，我们欣慰地感觉到丹的变化：给出的建议，她采纳得越来越少；她话里夹杂的英语单词，我们听不懂的多起来了；她开始跟我辩论"产婆术的关键是反诘还是归纳？"她开始批评我的论文；家庭出游时，她开始为大家预订房间、购买车票……

当然，我们还不时要像"甜品"一样去宽慰孤独的丹，鼓励失落的丹，帮助迷茫的丹。毕竟，谁都不可能随时保持自信无畏，更何况尚未完全成熟的丹呢。

最后，套用纪伯伦的诗来表达我们对丹的心愿吧。

我们是树，你是从树上移栽出的生命的幼苗。

你借我们而来，却不是从我们而来；

那生命之力在无穷之中看定了目标，就义无反顾地出发了。

我们可以给你爱，却不可给你思想，因为你已有自己的思想。

我们可以努力去模仿你，却不能使你来像我们；因为生命是不倒行的，也不与"昨天"一同停留！

我们将继续爱你，并静待你风雨无阻地长成一棵树！

第 四 章

大学教学何以"治得好"：
对当前问题的思考与探索

　　一段时期以来的我国大学里，"教授不教"屡禁不止，"老师混课时，学生混学分"现象突出，大学教学质量令人担忧。这些教学乱象的产生除了教师和学生的个体原因，还有着大学组织偏移核心使命、教学定位失当、学术失范，以及教师评价制度不当等较为广泛的制度和组织因素。

　　因此，欲解决当前大学教学存在的问题，须在剖析教师"教得好"和学生"学得好"的微观机制之余，全面检视现今我国大学的整体状况，系统调整现行的大学管理制度。

　　本章所呈现的是一些大学校长、院长和教师对于大学教学当前存在问题的思考，以及他们解决这些问题的实践探索。希望这些理性思考和实际经验有助于更多的大学在治理理念和机制设计方面有所改进，以便更好地促进教师追求"教得好"，促进学生追求"学得好"，回归教育使命，匡复尊重教学的传统。

第一节　回归教育使命，匡复尊重教学的传统

作为高等教育机构的大学，在发现高深知识的同时，通过传授高深知识履行人才培养使命是其基本职能，这是毋庸置疑的常识。

然而，由于历史和现实的某些原因，这一常识在一段时期以来的我国大学里被乱象所蒙蔽，以致有识之士不得不为其鼓与呼。

一、我国大学职能的调整与教育使命的回归

美国加州大学前校长克拉克·科尔曾经做过一个统计，发现在 1520 年以前，全世界建立的组织中，现在仍然用同样的名字，以同样的方式做着同样事情的只剩 85 个，这 85 个之中有 70 个就是大学，另外 15 个是宗教团体。[①]

大学之所以基业长青是因为教书育人这一根本使命没有发生变化。发现并传播高深知识是大学与中小学的区别，通过传授高深知识培养专业人才则是大学区别于研究机构之所在，是故，大学如若偏废了研究或教学，就违背了根本使命，也动摇了自身合法存在的根基。

不过，不同于西方大学发展历程的是，1949 年到 20 世纪 80 年代，我国实行的是科学研究和高等教育分离的体系，科

---

① 张维迎：《大学的逻辑》，北京大学出版社 2004 年版，第 125 页。

学研究由专门的科研院所承担，大学等高等教育机构的主要任务是传授知识和培养人才。90 年代，随着国家科技体制和教育体制改革的推进，一些重点大学和高校被纳入科学研究体系，接受了"建设重点学科，使其在科学技术水平上达到或者接近发达国家同类学科的水平"① 的研究重任。自此，大学重新进入研究和教学并存的时代。

然而，由于科研导向的强势来袭，高等教育行政管理和大学内部治理中出现"一边倒"唯科研是重的倾向，教师的教学、学生的学习及其成长被置于次要位置，大学教学的地位日渐式微。

当然，在这种情势下，依然不乏有识之士坚守着大学的育人使命，有教育情怀的大学校长和真正的大学教师依然关切学生的教育及其未来福祉。例如，曾任复旦大学副校长蔡达峰教授这样阐释复旦大学的教育理念：

> 复旦之所以成为著名的大学，因为它不只是听课的地方，因为它不会以为你们是为成绩、学位或者就业而来的。它把你们的大学生活与你们一生的幸福视为一体，把你们未来的作用与祖国的命运视为一体。复旦希望你们成为引领未来社会发展的优秀公民。②

① 《中华人民共和国国民经济十年规划和第八个五年计划纲要》，1991 年 4 月 9 日，见 http://www.110.com/fagui/law_6294.html。

② 蔡达峰：《在大学中学会独立自强》，《大学：为了学生与社会》，复旦大学出版社 2009 年版，第 11 页。

再如,面对大学生学习的种种乱象,云南大学哲学系王志宏老师振聋发聩地指出:

> 很多学生在高中时学习刻苦到了通宵达旦的地步,可是一进大学立刻就懒散下来……四年之后有可能什么都没有学到就毕业了……大学教学对这一点负有不可推卸的责任。

其实,关注学生的教育及其长远福祉既是大学的使命,也是学生和家长对大学组织的期待。例如,一位大学生这样说道:

> 虽说是大学老师,也应像中学老师一样把课堂教学重视起来,因为作为老师,给学生的印象,给学生的记忆,并不是科研上的成就,而是课上所传达的影响学生内心的很多东西。①

有家长这样说道:

> 据了解,学校在教学中出现了很多不该出现的现象:个别教师上课之前不备课不写教案,讲课用的课件甚至

---

① 来自周湘林、李爱民 2012 年所做调查。详见周湘林、李爱民《如何面对低效的课堂:学生如是说》,《高等教育研究》2012 年第 10 期。

是从网上下载的，课堂上的大部分时间被白白耗费，临近下课时用幻灯片匆匆讲完本章节的标题和知识点，这节课就算讲完了。考试时，虚假的学生成绩掩盖了虚假的教学。

作为家长，我心急如焚……真心希望贵校能好好抓教风和学风。①

20 来岁的大学生正处于染于苍则苍，染于黄则黄的关键成长阶段，其在大学所际遇的老师、研习的知识，甚至大学的文化乃至大学所在的城市都将为其生命烙上终生难以消除的影响。

一所重科研轻教学的大学漠视了学生的存在，更漠视了学生未来，这是对大学根本使命的背离。古往今来，可曾有过哪所大学因为学科排名而不是杰出学子名垂青史呢？

"教吾子以及人之子"。大学教师有着替代父母教育青年大学生的职业责任，大学有着替代家庭培育学生成长的社会责任，大学和大学教师万万不可误人子弟。

二、匡复尊重教学的传统

课程教学是大学落实育人使命的最主要的途径。因此，在中外大学发展历史上，教学曾经是大学教师当然的学术

---

① 详见《致云南民族大学党委的一封信》，《云南日报》2013 年 10 月 18 日。

工作。

在中世纪的大学里，教授轮流讲授本学院所有的课程，一名教授所授课程和内容非常广泛，并不限定在某一专门课程或领域。如康德既讲授数学，也讲授逻辑学，还讲授教育学。

即使是在崇尚研究的德国古典大学时期，施莱尔马赫也指出，大学是师生的共同学术生活，而讲课则是这一共同生活的"神圣中心"所在，是大学不可替代的本质特征之一。①

我国西南联大时期，许多学贯中西的饱学之士担纲大学教师之重责，他们热爱教学、钻研教学，在课堂上叱咤风云，留下许多教学佳话。据说，吴宓给学生的印象是认真负责，一丝不苟：

> 他每次上课前都要抄笔记，写纲要，反复修改润色。讲授大纲完成后，他将讲授重点用红笔标记，上课之前还要熟悉、背诵讲授大纲。他给学生批改作业，字迹工整，写下的外文字母及数字，笔画粗细好像印刷的一样整齐。②

杨振宁也曾经这样回忆自己在西南联大所接受的教育：

---

① 德国哲学家施莱尔马赫所言。转引自陈洪捷《德国古典大学观及其对中国的影响》，北京大学出版社 2003 年版，第 52 页。
② 张意忠：《民国大学教授的教学特点及其启示》，《高等教育研究》2015 年第 5 期。

　　我记得联大的大一国文是必修课，当时采用了轮流教学法。……因为那时的教师阵容实在很强，轮流教学法给了我们多方面的文史知识。记得教过我大一国文的老师有朱自清先生、闻一多先生、罗常培先生、王力先生等。

　　物理系那时的教师阵容也非常强。我的大一物理是跟赵忠尧先生念的……我的大二电磁学是跟吴有训先生念的。大二力学则是跟周培源先生念的。①

在 20 世纪 50 年代至 80 年代的中国大学里，"教师以教研室为组织依托，以每周例行的教研活动为主要形式，集体研究、制定课程教学计划、教学大纲，交流教学经验和切磋教学方法，培养新入职教师，形成了良好的教学学术传统。"②

　　然而，正如美国哲学家巴赞在《美国教师》一书中所指出，教学艺术没有消失，但是，尊重教学艺术的传统不复存在。③ 一段时间以来的全球高等教育界，执掌大学教席者把更

---

① 杨振宁：《读书教学四十年》，第 113、116 页。转引自杨振东、杨存泉编《杨振宁谈读书与治学》，暨南大学出版社 1998 年版，第 15 页。

② 《云南大学教师教学发展中心》，《中国高等教育》2014 年第 12 期（中心彩页）。

③ Jacques Barzun, *Teaching is not a lost art, but the regard for it is a lost tradition.* 转引自［美］帕克·帕尔默《教学勇气——漫步教师心灵》，吴国珍、余巍等译，华东师范大学出版社 2005 年版，第 3 页。

多的精力和时间用于科研，教学地位式微，学生的教育及其福祉被严重地忽视了。

哈佛大学前校长德雷克·博克指出，如果大学教育误导了学生，吞下恶果的终将是整个国家。相反，如果大学能教会学生自如地表达思想、清晰地思考、严密地分析问题、富有道德感，对国家大事敏感而又有见地，社会将受益无穷。①

今天，我们无比迫切地需要匡复尊重教学的传统，让教学回归其当然的学术地位，让大学教师既潜心治学也悉心育人。如若不然，我们难道能说一所师生在课后互不相识甚至彼此心怀敌意的大学是一所好大学吗！

第二节　实施研究性教学，培养学生的科学精神

2000 年以来，我国不少大学确立了"研究型大学"的发展定位，但是，教学的"研究性"依然不足。研究性教学之要在于培养学生勇于创新和善于创新的科学精神，为此，我国大学教学的目标乃至教育文化均需作出相应调整。

一、关于"研究"与科学精神

广泛意义上的"研究"，指的是人用理性去把握非自我的对象世界和作为对象世界的自我的活动，这种认识能力和认

---

① ［美］德雷克·博克：《回归大学之道——对美国本科教育的反思与展望》，侯定凯等译，华东师范大学出版社 2008 年版，第 3 页。

识活动为人类这种生物体所独有，且与人类的生产生活相生相伴。

狭义的"研究"特指以近代自然科学为典型代表的人类认知活动。这种被誉为"科学"（science）的认知活动开始于欧洲文艺复兴时期，其文化根源则深植于古希腊文明之中。近代科学研究方法的主要特征是强调逻辑推演和实证分析，较之依靠经验和思辨认识世界的古老方式，逻辑推演为思维提供了基本范畴和普遍法则，保证了思想的可沟通性和可批判性；实证分析则使得人们对于世界的认知更加精确，更加接近客观事实。

以"言之有理"和"持之以据"为主要特征的近代科学研究方法在张扬和发展人的理性认知能力的同时也对思维予以规范，是迄今为止较好兼顾主观能动性和客观现实性的人类认知文明，因而逐步被确立为人类探寻真理的共同准则。

所谓科学精神，就是近代科学研究所体现出来的价值追求和基本规范。创新是近代科学研究的核心诉求，也是科学精神的内核。相应地，科学创新所需要的自由探索、独立精神、理性精神、实证取向、质疑精神、"试错模式"也是科学精神的重要内容。

在近代科学蓬勃发展的 17 世纪到 19 世纪，曾经拥有辉煌的古代科技文明的中国却由于各种原因与近现代科学发展失之交臂，直到 19 世纪中期被声光化电和坚船利炮撞开国门后，才惊觉科技之弱，也才开启了学习西方科技文明的历程。

然而，毕竟我国引介"赛先生"的时间不过百年，逻辑推演和实证分析的近代科学研究方法，以及面向未来开拓创新的科学精神尚未全面融入中国文化。是故，实施研究性教学，向学生传授近代科学研究方法，培养学生的科学精神依然是我国大学（特别是研究型大学）的重要任务。

二、研究性教学重在培养批判性思维能力

我国的大学从 20 世纪 50 年代至 90 年代基本上都是按照教学型大学去做的。[①]90 年代以来，科学研究重新被确定为大学的重要职能。但是，由于教育体制的惯性和传统文化的影响，大学教学的转型始终比较缓慢。

从本书第三章所呈现的杨振宁的求学经历来看，较之美国大学教学，我国大学注重知识传授甚于思维培养。令人感到遗憾的是，半个多世纪之后赴美求学的乔依然感觉到同样的问题。重知识传授，不重思维培养是大学生创新能力不足的教育原因。2013 年，中国科技大学潘建伟副校长在接受黄达人采访时同样谈道：

> 我们中国学生的知识要全面系统得多，但从创造性上讲，外国学生在黑暗中看到光亮的能力比我们中国学生强。[②]

①　张维迎：《大学的逻辑》，北京大学出版社 2004 年版，第 36 页。
②　潘建伟等：《红专并进，理实交融》，转引自黄达人等《大学的根本》，商务印书馆 2015 年版，第 184—185 页。

"在黑暗中看到光亮的能力"即探索未知和发现未知的能力，这种能力不同于学习和内化已知的能力，所要求的正是杨振宁先生所说的能够运用科学研究方法"自己去找路"的独立精神。

研究性教学之要就在于帮助学生掌握科学研究方法。对于这一点，清华大学施一公教授在接受黄达人采访时谈道：

> 研究方法论的培养比知识的更新更加重要。如果一位老师只是把最新的科学发现和知识教给学生，而没有对学生进行方法论和思维方式的培养，那就真是本末倒置了。难道不是吗？确实，学生应该知道科学前沿发展到哪里了，不能让学生只学习 50 年之前的东西；但更重要的是我们应该教学生怎么样去发现问题和创造知识，这就是方法论。在普林斯顿，我们的 PROX 整门课程基本不讲最新发展到了什么程度，就讲它过去的历史，把整个原核生物分子遗传概念、逻辑的演变讲得清清楚楚，让学生融会贯通。[①]

诚如施教授所言，为了让学生掌握科学研究方法，教师需把知识置于解决特定问题的具体情景和科学发展的历史进程

---

① 施一公：《人才培养呼唤良好的制度环境》，黄达人等《大学的根本》，商务印书馆 2015 年版，第 74 页。

中来理解,帮助学生通过自己的思考"再生产科学",从而体验科学研究活动中的理性思维过程。

美国高等教育界普遍采用"批判性思维能力"(critical thinking)来表述大学教学对于学生思维的培养目标。美国哲学协会对"批判性思维能力"的定义是"一种有目的的、自我调控的判断过程,包括解释、分析、评价、推理等形式,以及提出判断时运用各种证据、概念、方法的理由"[①]。从这个定义的描述可以看出,其所强调的主要是三个方面:①思维的独立性——作出有目的的、自我调控的判断;②思维的逻辑性——需要运用概念和推理等逻辑规则;③思维的实证性——提出的判断需要证据支持。这正是近代科学研究"言之有理,持之以据"的具体体现。

我国的大学可参照"批判性思维能力"的定义来推进研究性教学,倡导一线教师注重培养学生思维的独立性、逻辑性和实证性,并把思维训练贯穿在知识讲授、课堂汇报、作业批改、成绩评定等教学环节中,让学生扎扎实实地掌握科学研究方法,并在这样的研究性教学中树立科学精神。

三、研究性教学对于大学生的普遍意义何在

诚如曾莹老师曾经反思的一样,绝大多数的学生在大学毕业后都不会走上科学研究的道路,那么,研究性教学对于这

---

① 转引自 [美] 德雷克·博克《回归大学之道——对美国本科教育的反思与展望》,侯定凯等译,华东师范大学出版社 2008 年版,第 65 页。

些学生的意义何在呢？

对于这个问题，施莱尔马赫在 200 年前谈到，"科学精神是一种在整体中探究事物的能力和态度"[①]；美国学者威尔谢尔则这样分析，科学思维能够"帮助学生找到分化了知识领域间暗藏的内在联系，以便学生回答'我们是谁'、'我们应该如何处世'之类的深层次问题"[②]。确然，科学研究所运用的理性思维能够帮助学生更好地探索作为对象世界的自我，从而在正确的观念指引下安身立命。如本书第三章所呈现的江山教授一样，探索未知的艰苦而严谨的思维活动帮助年轻的他超越自身小我去看待个人的悲痛和喜悦，从更为宽广的时空视野来认识中国农民和人类社会，也让他拥有了更加丰富而深沉的精神世界。

蔡达峰教授曾经介绍过这样一位复旦大学的学生：

> 这位学生的专业是会计，但是，他在大学 4 年里始终没有对会计产生很浓厚的兴趣。课余时间他在图书管里找自己愿意读的书，他读很多的传记，发现里面有很多

[①] 潘懋元：《高等学校教学原理方法》，人民教育出版社 1995 年版，第114 页。

[②] Bruce Wilshire，The Moral Collapse of the University：Professionalism，Purity，and Alienation (1990)，p.xxiv. 转引自 [美] 德雷克·博克《回归大学之道——对美国本科教育的反思与展望》，侯定凯等译，华东师范大学出版社 2008 年版，第 35 页。

人生经验，文学也很有魅力。毕业以后他到审计事务所工作，虽然他还是不太喜欢，但在工作过程中，他对写审计报告，对审计证据非常有兴趣，所以就去钻研，本职工作也做好了。[①]

北京大学艺术学院影视编导专业 2006 级学生王安安在大学三年级的时候这样回想自己的大学生活：

> 北大给了我什么？曾经以为，是一种酒神意味的自由不羁，以及将知识变成文化，再将文化变成智慧的能力。我自然地认为北大给了我很多问题的答案，然而在这些答案又在日新月异地发生着变化时，证明我的以为还是片面的，那么北大给我的究竟是什么呢？
>
> 我将做一个怎样的人，过一种这样的生活？每一天，每一个选择，每一种努力，每一番出征之前，我发现，林林总总的问题最终归结到这样一个问题上。选择什么样的职业，选择什么样的伴侣，选择什么样的说辞……一切种种，实际上都在让我追问着这样的一个问题。
>
> 原来北大并没有给我答案，它给予了我一个问题。那就是，你要做一个怎样的人，要过怎样的一生。高

---

① 蔡达峰：《大学，为了学生与社会》，复旦大学出版社 2009 年版，第 55 页。

贵地活着还是卑贱地活着，做古典的人还是做现代的人……我行走在这个浅灰色的校园里，脸上带着哈姆雷特式的思考，固执而天真地维护着我们善良而纯真的理想主义。

北大给了我们什么？我想是一种格局，一种追问，一种"向青草更青处漫溯"的力量。①

如两位学子一样，大学阶段系统而深入的"沉思生活"有助于锤炼学生的理性，帮助他们求解"做一个怎样的人""过怎样的一生"等人生终极问题的答案，这些理性思考无疑是有助于他们找到自己的理想，从而拥有一个自省而充实的人生。

第三节　坚守学科规范和学术规则

没有规矩，不成方圆。学术失范是当前大学教学"教好教坏一个样"的原因。按照学科规范和学术规则开展教育教学活动方可保障"教"的质量，也才能鼓励教师追求卓越教学。

一、按学科规范编制专业课程体系

学生在大学里所修读的"专业"（academic program、

---

① 王安安：《"向青草更青处漫溯"——北大给了我一种追问》，李彤、王蓓主编《未名湖畔好读书：北大课堂之印象》，北京大学出版社2007年版，第190—191页。

major、specialization、concentration），既是大学针对本科生和研究生分门别类进行高深而专门知识教与学活动的基本单位，① 也是学生未来就业所对应的行业、领域或者方向。作为教育教学活动的"顶层设计"的一个专业的课程体系（也称教学计划或培养方案）在很大程度上决定着学生在大学所学知识的范围和体系，也在很大程度上影响着学生在升学、就业等方面的竞争能力。

在现代学科制度体系里，跨越地方、国家和地区的同一专业构成同一个"学术部落"，"学术部落"内部有着明文规定或约定俗成的研究范式和学术规则。相应地，一所大学某一专业的学术水平决定着其在该"学术部落"的地位和话语权，而课程体系则在一定程度上是其学术水平的直接体现。

当然，由于教育体制和传统的不同，不同国家的专业课程体系设置亦有一定差异。例如，分子生物学专业的课程设置在普林斯顿大学和清华大学就有着明显的不同：

在普林斯顿大学分子生物学系，本科生毕业的时候，要考察些什么呢？八门课程加一篇 thesis（毕业论文）就够了，简单得不得了。如果在清华读了四年分子生物学系，大概得学五六十门课程，其中很多课程与毕业学位

---

① 薛国仁、赵文华：《专业：高等教育学理论体系的中介概念》，《上海高教研究》1997 年第 4 期。

直接相关；而普林斯顿的学生学习的课程数目只有这数字一半还不到，更有趣的是，毕业考核就只要求八门课。这八门课程中，有四门属于跟生命科学没有直接关系的基础和人文必修课。生命科学的专业课程只有四门，我们叫"molecular biology major"（分子生物学专业）。其中，只有生化、细胞和分子生物学这两门是必修课，另外两门由学生从很多课中任选。①

　　施一公的分析指出了中美两国专业课程体系架构的不同。在深受专业教育思想影响的我国大学里，专业与课程之间有着较为刚性的自上而下的结合：一个专业框定着庞大的课程门数，因课程门数过多难免出现教学内容重复等问题。在美国的教育体系里，专业与课程之间的关系是较为松散的自上而下的连接，决定一个学生能否申请某一学位的指定课程为数不多，因此，学生在大学期间有着更充分的课程选修自主权。

　　为改变课程门数过多，教学内容重复等问题，南京大学在 2012 年展开了教学改革，在接受黄达人访谈时，陈骏校长这样介绍道：

　　　　大学要为不同类型的学生谋求个性化发展道路，因

---

① 施一公：《人才培养呼唤良好的制度环境》，转引自黄达人等《大学的根本》，商务印书馆 2015 年版，第 67—68 页。

材施教，并将刚性教学内容从"多而全"变为"少而精"。……每个专业都要精选出一批专业课程，确保学生学完以后，能够掌握某一专业最根本、最核心的知识和技能，基本上能打上这个专业的烙印。①

……2012 年（教学改革）的重点就是：

要求各院系用一年的时间研究世界一流大学相同或相近专业的课程体系、教学计划。我们大概总共调研了80 所世界一流大学。我们要求每个学院要研究一两所，最多的可达五六所大学，然后进行对比。年终，我们再开全校总结大会，由各个学院的教学院长来汇报研究成果以及后续如何改进每个专业的人才培养方案和教学计划。从 2013 级新生起，每个院系都要执行修订的教学计划。②

如陈校长所分析的，接近国际前沿水平且符合学科规范的课程体系才能为学生掌握该专业的核心知识和技能提供保障。

大学和院系只有在通透了解本专业的学科内涵、谱系和格局的基础上审慎制定全校和各专业的人才培养目标和课程体

---

① 陈骏：《教学改革是一个长期的过程》，转引自黄达人等《大学的根本》，商务印书馆 2015 年版，第 200 页。
② 陈骏：《教学改革是一个长期的过程》，转引自黄达人等《大学的根本》，商务印书馆 2015 年版，第 210 页。

系，才能保证一个专业应有的高深知识体系有条不紊地贯穿于
大学教育教学活动中，才能保证学生在修读课程的过程中经由
提示、渗透、强化、运用和巩固等认知环节而内化学科知识和
学科思维方法。

二、按知识的内在逻辑确定"教什么"

在确定课程体系之后，各门专业课程"教什么"就成为
教学的首要问题。

由于大学教师职业的高度自主性，课程"教什么"问题
在很大程度上是教师的"自由心证"。不过，在不能确保每位
教师的学术水平和道德自律水平的情况下，集体审定课程教学
大纲的做法是必要的，这既是为了保证课程教学的基本水准，
也是为了避免学生所学知识重复或者遗漏。

课程教学既是一种个体认知活动，更是一种社会性的活
动。课程分层、教师分层，以及课程大纲审定、教学评价等权
力关系反映的是大学对于知识和优秀学者的尊重。比如，在中
世纪大学时期，最重要的文献在博士的"普通"课讲授，其他
文献则在为初级文凭获得者开设的"特别"课中讲授。①

高等教育的关键组成部分是自然科学中的实验与发现和
道德科学中的思辨等具有探索性和创新性的知识，大学课程所
传授给学生的正是这样一些高深知识，而不是普罗大众熟知的

---

① ［法］雅克·韦尔热:《中世纪大学》，王晓辉译，上海人民出版社
2007 年版，第 45 页。

基础知识。因此，课程教学大纲应该由教研室或院系统一制定或审定，以克服个体教学之弊，确保教学内容的高深性、体系性和经典性。我国当前大学里不少课程的教学内容学术性不够，一些教师甚至用录像、时事评论充斥课堂，这种"混课时"的行为既是大学教师本人对"教什么"研究不够，也是学院或学校教学管理方对于"教什么"的引导和要求不足。

集体编制和审定课程教学大纲，既是为了研究"教什么"，也是为了落实一个专业、一个院系乃至一所大学的教学目标和人才培养定位。离开了教学大纲、课程体系乃至课程教学活动这些明确具体文本及其指导下的师生教学活动，一所大学的人才培养目标是不可能实现的。

三、依据学术能力决定"谁来教"和"谁来学"

闻道有先后，术业有专攻。学者的研究专长应与所授课程相对应，唯有如此，该领域的经典知识和前沿研究才能进入教学。

教师依学术水平高下而担任难度不同的课程教学任务，同样体现的是大学对于学术标准的坚守，这也是教学质量的保障。例如，中世纪大学时期，最优秀的教师特别致力于下午开展的辩论，基本课程往往交给学士去上。[①] 再如，在 20 世纪 80 年代的南京大学，只有王牌教授才有资格给学生上专业基础

---

① ［法］雅克·韦尔热：《中世纪大学》，王晓辉译，上海人民出版社 2007 年版，第 48 页。

课。① 中国科技大学潘建伟副校长在接受黄达人采访时同样指出：

> 核心课程要讲得深，得找一些真的在这个领域里面打过仗的，对这个领域又深刻理解的人来讲。②

的确，教师的水平直接决定着教学质量。因为，一个有研究心得或者个人学术建树的学者早已把学科规范内化于心，他们绝对不会允许自己照本宣科；而一个"学非所教"的青年教师则极有可能用动画片和笑话来对付教学和随便打发学生。

鉴于教学质量的联合产品属性，学生修读课程的难度应当切合自身的知识基础和学习能力。或者说，良好的教学管理制度既应避免学生降低自身要求选择"水课"，也应避免学生由于自我认知不足去挑战自己并不能胜任的高难度课程。当然，这就要求大学具备更加精细化和个性化的教学管理。几年前，一位朋友的女儿就读于俄亥俄州立大学会计专业二年级，当她准备跳跃课程难度修读一门四年级的数学课程时，经历了这样一个程序：

> 系里的两位教授和一位课务管理老师专门约见我。

① 来自笔者 2017 年 3 月 5 日对 1978 年考入南京大学的张喜光先生的访谈。

② 潘建伟等：《红专并进，理实交融》，转引自黄达人等《大学的根本》，商务印书馆 2015 年版，第 185 页。

他们问了我一些问题，主要围绕的是我之前上过的课程，应该是觉得我能够学下来（四年级的数学课程）了吧，系里后来才同意了我的越级选课申请。①

学生所修读的课程在极大程度上也表征着学生的学术水平。英美大学普遍实行的"荣誉课程"制度就在学分、绩点之外给予了优秀学生更多的学术认可。

学生如果亲炙于名师并取得课程学习成绩，则表明学生的学术水平亦到了相当的程度。例如，陈寅恪是20世纪中国学术界的顶尖学者，到清华任教不久，他就被称为"教授的教授"，包括清华历史系主任蒋廷黻在内的同事都去听他的课，远近的学者都对他肃然起敬。由于学术水平超群卓绝，不少选修他的课程的学生未必听得懂他的课，以致那些能够修读并获得学分的学生也被认为是学术水平极高的。美国学者易社强（John Israel）在《战争与革命中的西南联大》曾经介绍过这样一个事例：

日本汉学家和田清（Wada Sei）在孙毓棠的清华成绩单上发现陈寅恪的名字后，立刻豁免了孙在东京帝大的入学考试，并允许这位青年进入研究生院。②

————————

① 来自笔者2019年2月22日对该同学的访谈。

② 转引自［美］易社强《战争与革命中的西南联大》，饶佳荣译，九州出版社2012年版，第129页。

因为修读陈寅恪先生开设的课程并获得成绩就可以豁免大学入学考试直接进入研究生院——这个典型事件足以让我们看到真正的学者对于高深学问和优秀学生不拘一格的尊崇。

为了改变"教好教坏一个样"的教学乱象，除了资深教授之外，大学要严肃教师任课资格认定程序，恢复新教师试讲、开新课审核，新开课审核等传统制度。只有通过合理的制度设计，遴选具备研究专长且有一定教学能力的教师开设相应的课程，大学教学才能朝着追求卓越的良性方向发展，大学也才能避免误人子弟。要知道，"学生可以原谅教师的严厉、刻板甚至吹毛求疵，但不能原谅他的不学无术"。

第四节　用教学评价教师，促进
学者和师者身份认同

为切实匡复教学的学术地位，大学须用教学评价教师，促使更多教师认同于学者和师者身份。一旦大学教师达成学者和师者身份的统合认同，"教得好"将成为他们自觉自愿的追求。

一、用教学评价教师，弘扬卓越教学

研究与教学相结合肇始于19世纪的德国柏林大学，然而，即便在当时的柏林大学，大学和校领导也未曾如当下的高教界一样厚此薄彼地对待研究和教学。例如，曾任柏林大学校长的施莱尔马赫，他既是一名出色的学者，学识非常渊博；他又是

一名出色的教师，深通讲授之道，所开课程遍及整个神学领域，还包括伦理学、辩证法、阐释学、心理学、教育学、政治理论等，其课程均受学生欢迎。① 针对那时候部分教师不重视教学的现象，他反问并指出：

难道一名大学教师所真正发挥的作用不是直接取决于他讲课的能力吗？

一名大学教师所真正发挥的作用，总是直接取决于他讲课的能力。……教授当然知道得越多越好，但再博大精深的学问，没有讲课的艺术也是徒然。②

或许有人会说教师"教得好"未必学术水平高。然而，无论从理论上分析，还是从大学良师的典型案例来看，研究与教学乃教师学术工作的一体两面。北京大学的一位老师这样指出：

教学的基础是科研，科研水平必须在课堂上表现出来。面对高素质高水平的学生，教师没有较高学术水平不可能得到学生的认可，没有高水平的学术研究，不可能上好课。……教学不仅是本分，同时也是学术水平的检

① 陈洪捷：《德国古典大学观及其对中国的影响》，北京大学出版社2003年版，第52页。
② 转引自陈洪捷《德国古典大学观及其对中国的影响》，北京大学出版社2003年版，第52页。

验。……教学也应该是考评教师学术水平的最直接的标准。这个道理很简单，但似乎不明白的人或者假装不明白的人很多。①

　　研究性教学是大学生与教师"为科学而共处"，师生都在探索未知；即便是学习已知的接受性教学，其依然是教师领着学生对高深学问及其发现过程的"再认识"和"再研究"。无论是学习已知还是探索未知，教学的内核都是高深学问。正是因为教学的内核是高深学问，悠久而广泛的中外大学传统从未把学术局限在发现知识的框子里，教学历来都被视为大学教师当然的学术工作。

　　或许，大学的管理者不是不明白应该用教学评价教师的道理，只不过，较之论文、著作和项目的数量计算和"级别"认定这个方便易行的办法，用教学评价教师是复杂的。如要评价教学，则需观察和分析课堂教学等教学的环节和细节，需翻阅教学实物资料，需通过学生口碑和同行清议了解教师，那是"麻烦"得多的事情。然而，如果一所大学不知道教师如何上课，也不关注学生的受教育体验是春风化雨还是百无聊赖，它还成其为大学吗？

　　20 世纪的 50 年代至 90 年代早期，我国的大学在评审教师专业技术职务时非常仰仗课堂教学、课程讲义、教学论文、教学经验总结等教学实物的举证作用，大学也经常通过课程讲义评比、教学经验汇编等形式来鼓励教师钻研教学。可惜的是，这个优良传统已经遗失 20 多年了。

近年来，复旦大学在教师考核中将教学工作与研究工作同等对待，其校长杨玉良在 2013 年接受黄达人采访时这样介绍：

> 我们做了一个表面上很小的动作，叫"代表性成果制度"，而不仅是"代表性著作"。以前我们考核教师是数他的论文、他的著作，现在不是这样，我们要求老师提供十个以内的代表性成果，可以是 Science 论文，文科的话一本专著也可以，或者说你对国家提供过什么重要建议，或是你给企业解决了一个技术难题，产生了什么样的经济回报，你在教学上提出了一个独到的做法，反正只要你认为具有代表性，都可以列出来。①

相信这种认可和鼓励教学"独到做法"的教师评价制度能够更好地激活大学教师的教学动力，不再让老师发出"专注教学就是自我毁灭"的喟叹。

---

① 杨玉良：《人才培养关注的是全体学生》，转引自黄达人等《大学的根本》，商务印书馆 2015 年版，第 435—436 页。

二、推行公开课制度，匡复课堂的"神圣中心"地位

无论好坏，课堂都是师生主要的经常性的聚会场所。[①] 课堂教学是大学教师最主要的"学术作品"，是其学术水平最直接的体现；课堂教学也是大学生最主要的学术生活，直接决定着大学生的受教育质量。

因此，为改变"老师混课时，学生混学分"的课堂教学乱象，大学应在一定范围内实行公开课制度，把课堂教学像学术论文一样公开"发表"出来，让它"面对批判性的评论和评价，与同行进行交流和使用"。[②] 其实，适当的公开课制度既可作为评价教师工作的有力举措，也可作为大学教师的学术交流平台。在关于西南联合大学的记录里，有这样一个有趣的课堂片段：

> 据说，吴宓常去听刘文典的课，刘文典讲到得意处就会睁开眼睛，向后排张望，照例问一句："雨僧兄以为如何？"吴宓则如弟子乍闻师命而起，神情十分恭敬，一面点头一面回答："高见甚是，高见甚是！"不仅学生为之窃笑，刘文典也颇感畅怀，为之莞尔。[③]

---

① [美] 罗伯特·B. 利兹马等：《大学教学法》，蔡振生译，高等教育出版社 1987 年版，第 129 页。

② Lee S.Shulman. From misk to pinsk：*Why a scholorship of teaching and learning*，*The Journal of scholarship of teaching and learning*，2000 (1)：48.

③ 王开林：《刘文典"狂"名满天下》，《同舟共进》2011 年第 11 期。

该片段呈现的是一名学者倾力传播知识获得的美好体验，以及在场者（包括学生）受教后的心领神会，这样的课堂教学怎能不让学生印象深刻呢？

如若课堂教学需在一定范围内公开，并接受监督和评论，教师必定像对待学术报告那样认真备课，倾力倾情上课。毕竟，每个教师内心深处都知道，"好课"是他们的"体面"和自我价值最主要的来源，其重要性丝毫不逊于提出科学创见。

为弘扬卓越教学，大学和院（系）可根据教学质量高低界定课程的公开程度，让最好的老师拥有最大的学生受益面，让最好的教学在最大范围内供同行观摩；省级和国家级教育主管部门分别发布和表彰不同学科不同等级的公开课。

如果实施公开课制度，课堂的"神圣中心"地位有望得以匡复，教师和学生的课前课后学术活动也将被激活，大学也更有希望成为教师和学生"为研究而共处"的共同学术生活。

三、"学生评教"宜用于改进教学

"学生评教"是当前国内外大学内部治理中普遍采用的一种方式。

学生评教的做法始于 1924 年哈佛大学学生发起的选课指导运动。当时，学生将本学期的课程和学生对教师的评价印制成选课指南，为下学期学生选课提供参考。渐渐地，学生评教被大学和院系用来评价教师的教学效果。到 20 世纪后期，美国、澳大利亚、英国、加拿大、比利时等国家的大学都相继采用了这种做法。1984 年，北京师范大学在评价教师工作质量时将学生反馈信息作为参考，这是我国最早的学生评教。① 20 世纪 90 年代以来，学生评教被我国的大学普遍采用。

然而，鉴于绝大多数学生的智识并不足以评价任课教师的学术水平，学生评教的反馈意见只能作为考量教学质量的参考之一，不宜作为决定性的因素。毕竟，教学是"联合产品"而不是普通的"商业产品"。

从课程教学的完整进程和教师专业成长的角度而言，学生评教是帮助教师改进教学的重要依据。在美国的不少大学里，"教与学研究中心"和任课教师通常会在期中向学生发放匿名问卷，收集学生对于课程的反馈意见，教师可凭借学生的反馈重新思考和规划课程内容，从而改进教学。上海交通大学近年来也开始施行"课程中期评教"，"课程中期评教"从课程初期即开放，到该课程中期关闭。学生可自愿参与"课程中期评教"，目的在于及时向教师反馈学生的意见和建议，有利于教师针对性地提高教学质量。②

四、促进学者和师者身份认同，尊重教学自主权

每个人都倾向于去做自己认为有价值的事情。然而，价值是一个文化事实而非个人事实，每个人的生活都必须以大的

---

① 刘子龙、谢玉爽：《学生评教的发展与研究综述》，《当代教育论坛》2010 年第 2 期。

② 梁竹梅：《期中学生反馈教学咨询服务的发展研究——国外研究与本校探索》，《现代大学教育》2015 年第 6 期。

现实生活环境为背景。①

　　唯科研是重的教师评价制度从整体上贬抑了教学的实际重要性，也解构了教学对于大学教师个人生存和发展的现实意义，致使不少有志于教学的大学教师也不得不把主要精力用到科研上。在"重科研轻教学"的制度面前，大学教师更多地将自己归属于某个专业而非大学教师这个职业。②

　　如果实施"教学为要"的评价制度，则有利于大学教师回归到"学者"和"师者"的职业身份。大学教师一旦真正认同于自己的"学者"和"师者"身份，就会如同本书所枚举的大学良师一样真诚对待学生，认真对待教学。

　　教师一旦经过自己的理性反思达成了"我是一名大学教师""我要做一名真正的大学教师"的身份认同，追求"教得好"就成为他们的本意目的③，不教书在他们看来就是"不像话"。因为，将自我认同于"学者"和"师者"身份的大学教

---

① 赵汀阳：《论可能生活———一种关于幸福和公正的理论》，中国人民大学出版社 2004 年版，第 266 页。

② "教学学术（the scholarship of teaching and learning，简称 SoTL）"概念的提出者厄内斯特·博耶所言。转引自吕林海、Shen Chen《大学优秀教师的教学特征及启示———基于澳大利亚纽卡斯尔大学 8 位教学优秀教师的实证研究》，《中国大学教学》2010 年第 3 期。

③ 本意即个体的人生追求，它贯穿于个体的整体生活乃至整个生命历程，并决定着个体最终将自己"做"成一个什么样的人。参见赵汀阳《论可能生活———一种关于幸福和公正的理论》，中国人民大学出版社 2004 年版，第 9 页。

师将从自己的教学中，也从学生的眼神和反馈中看到自己是一个什么样的人，他们希望自己成为对得起学生、受到学生尊重的大学教师。由是，他们认真对待教学，真诚对待教学。即使教得再好，他们也会觉得还有遗憾，有待完善，他们对理想自我和理想教学境的追求永远处于"未完成"状态，精益求精的追求让他们的教学不断达致卓越。

由于大学教师职业的高度自主性，如何教学在很大程度上是教师本人的"自由心证"，来自外部的行政规范、专家评议和学生评教并不能决定教师的教学投入和教学质量。因此，良好的教学管理制度不宜过度规范教师的教学行为和教学活动，而应该充分尊重教师的教学自主权，把自主开展教学改革的空间还给教师。教学管理制度设计重在促进学者和师者身份认同，并遵循师生教学互动的客观规律提供保障和服务。

第五节　让教师在共同体中实现专业成长

没有人是天生的好老师——对于教师而言，从教学经验中升华出来的"实践性知识"是他们独有的专业知识，而共同体对于教师积累"实践性知识"和实现专业成长有着重要作用。

一、"实践性知识"，让教师会教书的"专业知识"

陈向明等研究者指出，那些会教书的教师所拥有的"妙招"和"直觉"是教师的"实践性知识"。不同于理论知识的是，实践性知识是教师对自己的教育教学经验进行反思和提炼后形成的，并通过自己的行动做出来（enacted）的对教育教学的认识。[①] 实践性知识是缄默的、身体化的、个人化的，通常情况下，它表现为某种教学能力或者教学经验。但是，实践性知识不仅仅是具体的做法、策略和手段，也不止于教学经验，其核心是教师对教学形成的抽象性和概括性的认识、观念，甚至是信念。[②]

如本书所枚举的大学良师一样，那些会教书的教师之所以不计较学生的知识基础而满怀信心施教，之所以敢于批评学生，之所以持续 5 年开展考试改革……正是因为他们对于学生性情改造和能力训练等教育教学问题有着自己的坚定信念。相反，一些新手教师在面对学生时感到无所适从，在处理教学问题时左右摇摆，正是因为他们还没有形成自己相对稳定的学生观和教学观，也没有总结出适合于自己的教学经验，更没有形成自己的实践性知识。

教师实践性知识虽不能通过文本等正规的形式加以传递，却可以通过师徒制、口耳相传、校本研修、观摩、实践共同体等方式传承开来，惠及他人，甚至获得更新。

在从新手成长为熟练教师的过程中，教师获得实践性知

---

① 陈向明：《搭建实践与理论之桥——教师实践性知识研究》，教育科学出版社 2011 年版，第 64 页。

② 陈向明：《搭建实践与理论之桥——教师实践性知识研究》，教育科学出版社 2011 年版，第 64—67 页。

识的方式除了个人摸索和总结，资深教师的指点、同辈群体之间的观摩与交流也是重要途径。熟练教师的示范可让新手教师通过观察和模仿获得一定的替代性经验，同辈群体之间的交流则可以更好地激活那些储藏在青年教师自身身体里的缄默的实践性知识，使得这些知识得以被检视，从而进入教师的有意识层面，让教师在实施教育行动时更加理性和自觉。在 20 世纪中期到 90 年代的我国大学里，大学里的教研室就是用这些方式来培养新教师的。

二、从教研室到教学中心：教师专业成长的共同体

在 20 世纪的 50 年代到 90 年代的中国大学里，教书育人是大学教师最重要的工作。那时候，沿袭自苏联的教研室（组）不仅负责组织、安排一门或性质相近的几门课程的教学工作，还负责"讨论、研究、制定和实施本组课程的教学计划与教学大纲；收集有关教学资料，编写教材；研讨教学过程中发生的问题，交流教学经验和切磋教学方法"[1]。同时，教研室也是培养新教师的共同体。

当时，新教师入职后，教研室会安排一位老教师做他的"师傅"。新教师要给"师傅"担任一轮教学的助教，和学生一起全程跟班听课，协助进行答疑、作业批改等教学辅助工作；在随后的第二轮教学中，新教师继续担任助教，同时撰写

---

① 上海市高等教育局研究室等：《中华人民共和国建国以来高等教育重要文献编选》（上），见胡建华《现代中国大学制度的原点：50 年代初期的大学改革》，南京师范大学出版社 2001 年版，第 252 页。

自己的教案，在教研室试讲通过后，开始承担部分章节的教学任务，如果"师傅"和教研室认为合格，并同意新人独立上课后，他（或她）再开始独立备课和上课，从而成为真正意义上的大学老师。如果新教师在培养过程中没有得到教研室和"师傅"的认可，则被认定为不适合教师，只能改行做其他工作。现在很多60岁以上的大学教师都会情不自禁地回忆当时的教研活动，满怀深情地追忆"师傅"当时对他们在教学上的悉心指导，不无留恋地感慨那时候的大学教师们的教学热情。

20世纪90年代以来，随着学科分化、专业增设以及大学招生规模扩大，我国大学内部组织管理普遍由大学—系—教研室向校—院—系的结构转变，在这个过程中，除了少数公共课程教学单位外，教研室从组织形式上被消除了，大学教学从过去有组织的协商、研讨和有指导的集体学术活动变成教师个人的经验活动。① 在缺乏共同体和"重科研轻教学"的情况下，很多教师在教学实践中对教学的无意识研究如同漫漫黑夜中擦石产生的零星火星，有的或许能够沉淀为教师个人教学经验，更多的思考则随生随灭，不了了之。

不过，当前席卷全球高等教育界的"教学学术"理论及其运动的重要组织保障——教师中心（或教与学研究中心等），

---

① 蒋喜锋、彭志武：《当教学成为学术——教学学术理论的深层意蕴及启示》，《江苏高教》2011年第1期。

其实质亦为教学共同体，也正在履行着教师培训、教学项目资助和教学探讨等职责。

三、推动"教学学术"运动，激活教师的教学热情

为强调大学教学的重要性，时任美国卡内基教学促进会前主席的厄内斯特·博耶（Ernest Boyer）于 1990 年提出"教的学术"（the scholarship of teaching）的概念；2000 年，博耶的继任者、美国卡内基教学促进基金会第八任主席李·舒尔曼（Lee S.Shulman）将学生的"学"纳入教学学术的范畴，把"教的学术"发展为"教与学的学术"（the scholarship of teaching and learning，简称 SoTL，也有人将其译为"教与学的学术"），并积极推动教学学术的思路转化为实践。目前，"教学学术"的概念及其运动已发展为一项席卷全球的高等教育运动。

首都经贸大学、上海交通大学等国内高校在 2007 年前后参照美欧大学的做法建立教师教学发展中心，通过举办教与学工作坊等形式提升教师教学能力，这是"教学学术"及其运动对我国产生的较早影响。2012 年 10 月，教育部等部门立项建设厦门大学教师发展等 30 个国家级教师教学发展示范中心。2016 年 8 月，教育部在《关于深化高校教师考核评价制度改革的指导意见》（教师〔2016〕7 号）中提出："确立教学学术理念，鼓励教师开展教学研究与改革……"，至此，我国官方文件开始使用"教学学术"指称大学教师的教学工作。2016年，上海交通大学举办国内首次教学学术年会，并于 2019 年

7月召开了中国高校第一届教学学术年会。①

　　"教学学术"运动为重视教学的大学领导、管理人员和一线教师注入了理论自信，搭建了交流平台。为使更多一线大学教师研究教学和改进教学，大学应积极推动"教学学术"运动。

　　作为大学教学教育实践者的大学教师，他们总在有意或无意间思考并以实际行动回答着高深知识教学、学生培养等大学教育的根本问题。无论他们的研究是系统的，还是零星的，他们都在做"教育研究"。诚如北京大学陈平原教授所指出的：

　　　　我理想中的教育，不是专业化的，只能由教育学家说了算的"小教育"，而是所有知识者都必须面对的，也有权利插嘴的"大教育"。②

　　确然，如本书所枚举的大学良师，他们的学科分野有哲学、文学、数学、古生物学等，但是，他们对于大学教学目标、大学生成长规律、课堂教学艺术等教育教学的研究并不逊于"教育学""学术部落"里的专门人士。

　　本书所枚举的大部分良师的教学经验和教学见地来自他们的一份"研修作业"。2011—2015年，云南大学教师教学发

---

① http://ctld.sjtu.edu.cn/index.php? q=webform/1379294392。2019 年 6 月 4 日。

② 陈平原：《大学何为》，北京大学出版社 2016 年版，第 63 页。

展中心采用参与式研修方法完成了全校在职教师的校本轮训。
为推动受训教师积极参与研修，除了制定学习公约、严格考勤
等举措，中心还精心设计了切合一线教学实际的研修主题，布
置了书面作业题目，诸如：

> "深入浅出"是高境界的教学，因为，只有"深入"，
> 才能帮助学生深刻理解教学内容；也只有"浅出"，才能
> 激发学生的学习兴趣。请结合自身教学实际，谈谈您是
> 如何处理授课内容的学术性与趣味性的。

> "教为不教，学为创造"①，教师教学的目的在于促进
> 学生主动学习，学会创新。请结合自身教学实际，谈谈
> 您在教学中如何引导和促进学生主动学习。

> 如果您打算在自己开设的课程中开展教学行动研究，
> 您将如何做？

在历时 5 年的研修过程中，1400 余名教师认真地参加了
学习和讨论，广大教师的积极参与激活了更多教师的教学热
情。例如，一些教师在研修心得中写道：

———————————

① "教为不教，学为创造"为 1998 年时任云南大学副校长的吴松教授
提出的教学理念，意在使本科教育达到既传承知识，又创新知识；
既适应社会，又引领社会；既和谐人生，又通识天下的目的。《云南
大学本科教学工作水平评估自评报告》，2006 年，第 91—92 页。

　　参加这次培训，发现许多同行（xing）者。在"贬低化"流行，反权威的今天，平时大家容易用比较闲散懈怠的言论表述自己的教学。可是真的聚在一起交流，发现很多老师都很有想法，也在用自己的方式努力。

　　……

　　参加这次培训，发现有很多在为教学努力的同行，感到很有力量。

　　……

　　学校里有很多有才华的教师。如果加上热爱，执着，辅以专注、用心，学校的鼓励、肯定，合理、积极地交流，其实大学比想象的好很多。①

　　虽然从目前的状况来看，客观现状和最终目标还相距甚远，但应该相信，只要办学者、管理者和每个老师都能意识到并重视这些问题，自主、互动的教学目标绝对不难实现。只要我们对中国高等教育仍然抱有很大的信心，对自己承担的这份工作仍然怀有较高的热情，并坚守着对科学的这份敬畏，在不久的将来一定会有意想不到的收获！②

---

① 史芳：《如果热爱》，张建东、王菊主编《追求卓越教学的探索与分享》，云南大学出版社 2013 年版，第 10—13 页。
② 刘谨：《基于科学精神培养的大学基础物理课程教学改革》，张建东、王菊主编《追求卓越教学的探索与分享》，云南大学出版社 2013 年版，第 29—33 页。

"大学比想象的好很多""发现有很多在为教学努力的同行，感到很有力量"，这也是作为研修组织者的笔者和同事们从工作中得到的最深体会。

我们相信，假如教师中心等教学共同体如云南大学的一样发挥好研究教学和促进教学改革的作用，大学良师将不再觉得教学是个体的"良心活儿"，更多教师的教学热情将被点燃，良性的教学生态和教学文化有望形成，追求"教得好"将成为广大教师的普遍追求。

第六节　促进大学生"独创和自由"的发展

大学是发现真理和传播真理的机构，也是培养拔尖创新人才的学府。优良的学术氛围和符合人才成长规律的教学制度能激发大学生的自主发展动力，促进他们实现独创和自由的发展。

一、帮助大学生厘清"我上大学干嘛"

从依赖走向独立是个体在青年晚期面临的成长任务。对于有幸进入大学这个得天独厚环境的青年而言，专业教育可帮他们获得谋生的本领，高深学问研习则可培养他们的理性思维能力，陶冶他们的性情。

不过，在大学里，如何学和学得如何在极大程度上取决于大学生本人。例如，美国大学教师建议学生平均每一小时课堂学习时间配以两小时课外学习时间，调查结果却显示，大部分学生的课外学习时间并没有达到这个标准。①

从本书所研究的五个案例来看，他们都有着强烈的自我发展动力。例如，勤学善思的杨振宁，无论在西南联大，还是在芝加哥大学，都有着如饥似渴的求知愿望，他孜孜以求地探索科学前沿，主动求教于顶级学者和科学家。同样地，江山在做了一学期"乖乖生"之后就确立了"自修自为"的治学道路，主动求教老先生，成为"文革"后线装书的第一个读者，敢于挑战权威，学生时代就在学术领域有所建树。俞敏洪的自我发展动力则不仅强大而且坚韧，如他自己谈到，"我身上唯一的力量……就是我觉得只要努力，只要奋斗，只要给我足够的时间，我应该能够改变自己的命运，我应该能够让自己的生活变得更好"，正是这种不屈不挠的上进心让俞敏洪不仅适应了大学生活，还在大学阶段为自己的未来发展打下了坚实的基础。

目标是个体自我发展的动力之源。诚如奥尔波特所指出的，一个有目标的人，他的自我意象是清晰的，未来是有定向，价值观念是坚定的，他有着为目的而努力的使命感和责任感。②在 20 世纪 50—80 年代的中国社会，目标和理想在人们的个人

---

① George D. "What We're Learning about Students Engagement From NSSE: Benchmarks for Effective Educational Practices", Change (March—April 2003), pp.24-27. 转引自 ［美］德雷克·博克《回归大学之道——对美国本科教育的反思与展望》，侯定凯等译，华东师范大学出版社 2008 年版，第 67 页。

② 杨眉：《健康人格心理学：有效促进心理健康的 14 种模式》，首都经济贸易大学出版社 2004 年版，第 148—151 页。

和社会生活中扮演着重要角色。90 年代以来，随着经济的高速发展，社会的价值日益多元化，实用主义和功利主义日渐盛行，很多人迷失于名利之中，不知人生的意义和价值为何，这正是大学培养出"精致的利己主义者"的社会背景。

为激活大学生的自我发展动力，大学应帮助大学生厘清"我上大学干嘛"这个问题，引导大学生寻找学习目标、工作目标，帮助他们确立人生志向，树立远大的人生理想。

二、"靠一个教学制度让学生忙起来"

从理想的角度来说，即将独立的大学生都应该认真读书，自觉钻研高深学问，主动求教于良师，积极发展自己的兴趣爱好。然而，我国当前不少大学生学习状态却是，上大学只求背书考试混到学分，个别大学生甚至沉迷于游戏不能自拔。对于这种想象，中山大学副校长陈春生分析道：

> 我国现在的大学课程教学的一个突出问题是"讲得东西太多，做得太少，考得太容易"。[1]

接着，他指出：

> 读书本身是苦的，不能是风花雪月的，所以一定要靠一个教学制度让学生忙起来，有紧迫感，觉得自己要

---

[1] 黄达人等：《大学的根本》，商务印书馆 2015 年版，第 21 页。

去读书。将来他也许能够享受读书的成果，但这是他读完书之后的事。①

诚如陈老师所分析的，研习高深学问有着苦思冥想的长期过程，并非每个青年学子都能够自愿承受这份艰辛，采取必要的强制举措才能驱动学生学习，并保证学生学有所得，这是大学教师和大学对于青年学子应担负的教育责任。

为了"让学生忙起来"，教师可适当利用"打分"等教学评价手段。为避免学生"混学分"，教师应该让学生知道课程评价的标准，知道教师"打分"的依据；教师还应通过形成性评价向学生提供正在进行中的学习的反馈，肯定其取得的成就，纠正存在问题，指出后续学习方向。最为重要的还有，大学教师应敢于给那些学习不达标的学生打"不及格"，让他们承担不认真学习的后果，并从中吸取教训，学会为自己的行为负责。

学术性阅读不足是当前我国大学生普遍存在的问题，因此，大学首先要建立的是"逼"学生读书的教学制度。美国学者比奇落和埃格伯特（Biglow and Egbert，1968）的研究发现，有些学师范课程的学生，使用主要依靠阅读的独立学习法，取得了比先前根据平均积点分所做的预测更好的成绩，他们在责

---

① 陈春声：《人文学科的"有用性"》，转引自黄达人等《大学的根本》，商务印书馆 2015 年版，第 290 页。

任心和智能效率等个性特征方面也得到了高分。① 本书所研究的 5 个典型案例无一不认真读书，杨振宁、江山和俞敏洪是自觉读书的典范，乔和丹则是在大学的教学制度安排下认真读书的学子。

大学教师应如本研究所枚举的宋家宏老师、蔡丽老师一样，"逼"学生去读书，大学应通过课堂内外的学术活动"迫使"学生开展深度阅读，从经典著述和学术前沿中汲取人类文明的精华和最新智慧，尽管这种"收获"或许不是青年大学生在当下就能体会到的。

"父母之爱子，则为之计深远"，负责任的教师和大学自会这样去做。因为，只有这样做了，教师和大学才不误人子弟。

三、为学生"从游"于良师提供可能

大学教学是教师指导和学生学习的结合，而良师"如此这般"的示范和指导可帮助大学生事半功倍地学习，更可让学生亲近求真求善的美德。曾经担任清华大学校长的梅贻琦这样描述大学师生及其教学："学校犹水也，师生犹鱼也，其行动犹游泳也。大鱼前导，小鱼尾随，是从游也。从游既久，其濡染观摩之效自不求而至，不为而成。"② 这个比喻形象地呈现出

---

① ［美］罗伯特·B. 利兹马等：《大学教学法》，高等教育出版社 1987 年版，第 148 页。

② 梅贻琦：《大学一解》，转引自陈平原《大学何为》，北京大学出版社 2009 年版，第 73 页。

理想的大学师生关系。

陈平原教授则这样"写实"地记述他本人师从于王瑶先生的场景：

> 先生习惯于夜里工作，我一般是下午三四点钟前往请教。很少预先规定题目，先生随手抓过一个话题，就能海阔天空地侃侃而谈，得意处自己也哈哈大笑起来。像放风筝一样，话题漫天游荡，可线始终掌握在手中，随时可以收回来，似乎离题万里的闲话，可谈锋一转又成了题中应有之义。听先生聊天无所谓学问非学问的区别，有心人随时随地皆是学问，又何必板起脸孔正襟危坐？暮色苍茫中，庭院里静悄悄的，先生讲讲停停，烟斗上的红光一闪一闪，升腾的烟雾越来越浓——几年过去了，我也就算被"熏陶"出来了。①

教学意图的实现依赖的是师生之间持续性的亲密接触。幸运如陈平原，得以"从游"于良师。在这种"我对你"的亲近师生关系中，俨然是真知和美德化身的大学良师让学生意识到原来自己距离真知和美德并不遥远，真知和美德也并非可望不可即地高不可攀。于是，他们不由自主地愿意信从和追随教

---

① 陈平原：《为人但有真性情——怀念王瑶师》，转引自陈平原《大学何为》，北京大学出版社 2009 年版，第 220—221 页。

师所传授的真理和美德，像良师一样却钻研高深学问并修养高尚德性，学术薪火就这样悄无声息地被青年学子接过，越燃越旺，经久不息。

遗憾的是，高等教育大众化进程推进以来，我国的很多大学教师每周承担着十几节课的教学重任，教学班级的规模大多在 50 人左右。由于大学城的建设，不少教师上课要到几十公里以外的新校区，"不是在上课，就是在去上课的路上"成了大学教师的生活常态。疲于应付和往返奔波中，大学教师何暇批阅每次数十份乃至上百份的作业？何暇知晓每一个学生的姓名和特点？……失却了师生之间面对面和日常化的亲近交往，师者何以育人？学生又何能度德而师之？

为解决教师教学任务过重，生师比过高的问题，上海财经大学于 2004 年恢复了助教制度。30 人以上的课单独配备助教，不足 30 人的小课几门课共享一个助教；助教主要负责批改作业、答疑、讲习题课，[①] 此做法无疑是有益的。

当然，助教毕竟不如教师，在研讨课方面尤其如此。希望更多的大学探索出切合不同学科特点和不同类型课程的有益的师生互动方式。

四、用"求学不求分"的氛围濡染大学生

1937 年至 1949 年任云南大学校长的数学家熊庆来指出：

---

① 田国强：《创新性人才培养有其内在逻辑》，转引自黄达人等《大学的根本》，商务印书馆 2015 年版，第 155—156 页。

"大学之重要，不在其存在，而在其学术之生命与精神。"大学的学术生命和学术精神就是追求真理的求学问道精神，其既可通过具体的课程教学活动体现出来，也可通过学术讲座、学生亚文化、校园氛围体现出来。

大学里的学术讲座是仅次于课堂教学的学术活动，而且，讲座有着课程教学所不具备的前沿性、广泛性和多元性，对于开阔学生视野有着丰厚的滋养作用。例如，杨振宁对于量子力学中"相变"的研究兴趣就源自其大学一年级听到的王竹溪老师所做的讲座。1995年，73岁的杨振宁在给上海交通大学学生作演讲时这样说道：

> 当时我才上大学一年级，还不可能完全了解这个重要性，但听了这些演讲，呼吸到当时的那种空气，还是很有好处的。[①]

因为"呼吸到当时的那种空气"，大学一年级的杨振宁对"相变"产生了兴趣；10年以后，他写出了自己的第一篇关于"相变"的文章，这个事例生动地说明了听讲座这种"渗透式学习"对于大学生悄无声息却无比深远的教育影响。

近朱者赤，近墨者黑，大学生的思想和行为多以同辈群

---

① 　杨振东、杨存泉编：《杨振宁谈读书与治学》，暨南大学出版社1998年版，第4—5页。

体作为重要参照。杨振宁在西南联大求学期间与黄昆、张守廉交好，有着强烈求知欲望的他们既有着亲密的日常交往，更有着热烈的学问辩论。20 年后，他们都在物理学领域各有建树。

从最广义的"教育"概念来看，大学阶段所有的经历都影响着学生的成长。甚至，"卧谈会"传递的非正规知识给学生留下的是更为深刻长久的印象，学术辩论、社团领导等关键事件则帮助学生更加深入地了解自我……大学的风气、校园文化等无形的氛围对学生的影响是不可低估的。

为培养大学生追求真理的求学问道精神，促进大学生健康成长，大学既要建立一个坚守学术标准的教学管理制度，还应该积极建设开放包容、自由探索、鼓励质疑、追求卓越的"求学不求分"的学术氛围。

五、促进大学生的个性发展和自我统合

对任何一个人来说，20 来岁的青年晚期都是其人生的最紧要阶段。因为，个体将在这个阶段发现自我并形成相对稳定的人生观和价值观。并且，这个阶段所形成的"自我"和价值观念将深深地烙印在个体的生命里，无论好坏都难以剔除。

大学教育最能给予学生的是理性思维能力，这种研习高深学问所运用的思维能够帮助大学更好地探索未知世界和探索自我。奥尔波特的研究发现，健康个体能够在理性和有意识水平上活动，就是说，指引其活动的力量是个体本人完全能够意

识到的，并且也是可以控制的。① 确然，优秀大学生所表现出来的自信、坚韧、乐观、勇敢等精神品质，其实质就是理性精神。

奥尔波特的研究还指出，健康人格与动物、病态人格或者儿童的区别主要在三个方面，即个体特质是否自主化成长，② 是否拥有长远目标，是否有稳定、持久的价值观。③ 其中，个体特质是否自主化成长决定其能否获得"自我统合"。我们在现实生活中也发现，那些发展良好的大学生大多有着鲜明的个性，他们能够从"现实性知觉"的角度来认识自己的偏好、特长和不足，在克服盲从、害怕、依赖、自卑、胆怯等不成熟心理后，他们开始勇敢地去走自己的路，追求自己的理想和爱好。例如，在大学阶段，杨振宁找到了感兴趣的研究领域和"符合自己口味"的学术风格；江山确认了"自修自为"的治学路径；俞敏洪找到了记单词这个"闪光点"；乔学会了"深度设计"和从生活中发现美感；丹发现了自己对于艺术的热爱。

---

① ［美］舒尔茨：《成长心理学》，李文湉译，生活·读书·新知三联书店 1988 年版，第 23 页。

② 不同于弗洛伊德所认为的无意识力量和童年体验指引个体发展的观点，奥尔波特认为个体发展的基础是个体特质。他曾用橡子与橡树来比喻个人特质的存在及其发展。他说，长成的橡树，是一度养育它的橡子的自主化。详见［美］舒尔茨《成长心理学》，李文湉译，生活·读书·新知三联书店 1988 年版，第 25 页。

③ ［美］舒尔茨：《成长心理学》，李文湉译，生活·读书·新知三联书店 1988 年版，第 25—26、47—48 页。

"自我统合"的中心部分是希望、志向、理想等长远目标，①青年大学生一旦找到了自己的方向，他就完成了青春期的自我统合，拥有了相对稳定的人生观，他的人生也将因为有了目标的牵引而变得有意义。

价值观是个体学习、生活、情感等一切方面的黏合剂，决定着个体的精神品格。真理教人辨别善恶，在"从游"于良师或者自主研习和探寻真理的过程中，大学生不断摒弃谬误和愚昧，掌握到越来越多的真理，也就会自觉地选择一种高尚的生活。

如杨振宁、江山、俞敏洪等人一样，个性得到健康发展的个体是最具有创新能力的个体，这样的国民也正是国家和民族兴旺发达的前提，希望我国的大学教育能够更好地促进大学生实现"独创和自由"的发展。②

---

① ［美］舒尔茨：《成长心理学》，李文湉译，生活·读书·新知三联书店1988年版，第25—26页。

② 马克思认为，共产主义社会是"个人的独创和自由发展不再是一句空话的唯一社会"。原文见《德意志意识形态》，选自《马克思恩格斯全集》第3卷，第516页。

结　语

　　培养学生是大学的核心使命，教学是大学的当然学术，课堂是师生共同学术生活的神圣中心……这些不言自明的教育真理在近二三十年以来的我国大学里被遮蔽了，甚至被一些人所抛弃，以致出现了屡治未果的"教授不教""教好教坏一个样"等乱象。

　　大学生正处于染于苍则苍，染于黄则黄的人生紧要阶段，假如大学时光被荒废了，其一生的发展都将受到阻滞，这种教育上的失误是永远无法弥补的。因此，我国的大学迫切需要回归到其应有的逻辑上来。

　　知之真切方能笃行。本着匡复大学教学中心地位的宗旨，本书从哲理层面系统梳理了大学教师职业、科学研究、创新、大学教学、大学学习等问题之间的逻辑关系，正本清源地分析了学者、师者、专业教育、课程、课堂、讲授、研讨等大学教学要素，以期透彻揭示大学教学之当然学术地位。

　　笃行之处必有真知。作者在工作中发现，即使在"好老师不常有"的当前情势下，依然有一些大学教师潜心学术的同时，真诚对待学生，认真对待教学，不断创造出卓越的教学。是故，本书采用文本分析、深度访谈和课堂观察等方法深入解析了数十位教师的教学理念和教学实践，以揭示大学教师"教得好"的内在机制。

卓越教学是教师和学生的联合产品，大学教学尤其如此。为从学生的角度观照大学教学，本书按照目的性抽样的原则选择了杨振宁、江山、俞敏洪、乔、丹5个典型人物的大学生活展开质性研究，以此揭示大学生"学得好"的某些共同规律。

通过整体性的理论探索，以及对于"教"与"学"的理想化教育实践的深入考察，本书揭示了大学教学及其治理的如下逻辑。

一、"研究"和"教学"是大学教师学术工作的一体两面

当前的我国大学里，不少人对于"研究""学术"和"大学教学"有着太多误解，这是导致教师不愿意上课乃至出现"教授不教"的现实原因。

现代语境里的"研究"，特指源自古希腊文明而发端于欧洲文艺复兴时期的科学探索，这种被誉为"科学"的人类追求真理的认知活动，强调知识的精确性和逻辑性，且以推陈出新为圭臬。追求真理是全人类的共同伟业，一个学者终其一生能有尺寸之功已属不易。因而，科学研究绝非为了创新而创

新，而是为了发现真理和传播真理，以帮助人类摆脱恐惧、蒙昧、迷信和偏见。可以说，学者的使命更在于传播真理和捍卫真理。

然而，时下流行的大学排名和大学教师评价均将科学研究等同于发表论文、获批专利、获得研究资助或奖励，这是对科学创新的误读，也是对现行学术发表制度的盲目迷信，是社会和大学急功近利的表现。对此，大学里的有识之士这样反思道："如果你问我是不是真正在忙科研，其实我并没有底气。或许更确切地说，我是在'做项目'，按照上面的要求忙着申报、检查与结题，但项目、课题就等于研究吗？我时常在问自己这个问题……"①

"研究"和"教学"是大学教师学术工作的一体两面，教学是大学的当然学术工作，这是可从理论上辨明的常识性真理，也是古今中外大学发展历程中随时随处可见的事实。然而，唯科研是重的教师评价制度贬抑了教学工作的现实价值，致使不少有志于教学的大学教师也不得不出于生存和发展的现实考虑而把主要精力用到发表文章，以及申报项目等所谓科研工作中。

在误读"创新"，以及盲目迷信学术发表制度和学术竞争指标的情况下，大学教学成了"非学术"。事实是这样的吗？

---

① 宋鑫等：《国内一流大学教师教学现状探究——基于北京大学的实证调查》，《高等理科教育》2014 年第 6 期。

如果大学教师的"学术"和"教学"是分离的，还会有"吾爱吾师，吾更爱真理"的历史佳话吗？

我们亟须从观念和制度上破除对于"研究""创新""学术""教学"的误解，否则，一切旨在提高大学教学质量的行政劝诫和利益刺激不过是在缘木求鱼罢了。

二、实施研究性教学是研究型大学的不二选择

科学研究和创新人才培养是现代研究型大学的两项基本职能。然而，当前的我国大学是在经历了 20 世纪 50 年代到 80 年代的研究与教学分而治之体制后，于 90 年代重新被纳入国家科学研究体系的。可以说，当前的"重科研轻教学"是对此前一度存在的"重教学轻科研"的矫枉过正。

19 世纪中叶，西方列强以坚船利炮和声光化电撞开我国国门后，一批批仁人志士在惊觉传统科技之弱和教育之弱后，提出学习西方的科技和教育，以谋求救亡图存和民族自强之路。自洋务运动伊始，我国开启了建立和建设现代大学的历程。一百多年来，我们在学习西方的同时，不断改造和发展我国的科技和高等教育事业，取得了举世瞩目的成绩。然而，我国全面引介"德先生"和"赛先生"的时间仅有百余年，强调概念准确、逻辑严密的科学研究方法以及实事求是的科学精神尚未很好地融入我国的科技和教育体制之中，科学创新所需要的民主、自由、创新等旨在彰扬人的主观能动性的文化理念也

尚未成为我国大学教育工作者的普遍共识。因此，提高科学研究水平，培养学生的研究能力和科学精神，既是我国研究型大学的历史使命和现实任务，也是其永恒的主题。

但是，研究型大学绝不能因为强调科研而偏废教学。试问，大学如果一味倚重科研，以致贬抑教学和漠视学生，它还是大学吗？还有，如果大学的教学质量和学生培养出了问题，科学研究的新生力量从何而来？

研究和教学相统一是研究型大学的根本组织原则。实施研究性教学，也就是在教学活动中将学习已知和探索未知结合为一体，是大学履行科学研究和人才培养两大重责的必由之途。

研究性教学之要在于既传授已知更教会学生探索未知。因此，研究性教学既要训练学生养成准确把握问题、严密论证和自如表达思想的习惯，更要尊重学生的学习主体性地位，激发学生的创新潜能，鼓励学生质疑，包容学生犯错，着力培养独立思考、敢于质疑和勇于探索的科学精神。

三、师者身份认同是大学教师
"让学"的动力之源

大学教师是供职于大学的学者，通过课程教学向学生系统传播真理是其责无旁贷的使命；大学教师也是师者，教书育人是天经地义的职责。然而，"教授不教"久治不绝这一现象表明，我国当前很多大学教师并未践履这些常识性真理。

海德格尔所言"教所要求的是让学",指出了"教"的对象性和利他性,这就意味着,教育者只有意识到学生的存在并自愿为学生做点什么,他才会认真地去施教;还有,施教者只有调动了学生的主体性,其向学生发出的"让学"才能促使学生去"学"。因此,只有那些真正将自我认同于"师者"身份的人,才会自然而然地在意自己在学生心中的形象,也才会把"教得好"作为实现自身价值的本意目的去追求。

通过倾听和解读云南大学和北京大学数十位"教得好"的教师的心声,本研究发现,认同于师者身份是他们对学生"让学"的动力之源。当然,这些教师亦把自己认同为学者,他们热爱科学,勇于求真,孜孜不倦地研究高深学问。生而为人,为其当为者即为良善。作者把既以研究为志业,也以教学为志业的他们视为大学良师。

因为将自我认同为师者,大学良师深知,如果没有学生就没有自己的教师身份的存在,因此,他们真诚地对待学生,勇于"跟社会上的功利主义思潮争夺年轻一代",自觉担当起向青年一代传递"追求真理和幸福的神圣遗训"的使命。

大学良师还深知,如果没有学生的配合,自己所追求的"教得好"就不可能实现。为了实现自己所追求的"教得好",也为了让学生学有所得,他们为学生设计学习进程,"逼着"学生读书,认真批改学生作业。这些大学良师或许没有惊人的科学创见,或许没有高超的教学艺术,但是他们的本分和真诚却足以光照人类的科学事业和教育事业,也足以光照莘莘学子的心灵。

反观那些不愿意为学生上课的所谓的大学教师，他们在内心深处并没有将自我认同为师者。因此，他们觉得写论文、做项目、开会的意义远甚于教学。对于学生，他们抱着随随便便打发一下的态度；对于教学，他们采取的是不得已而去"混课时"的态度。严肃说来，这种不负责任甚至误人子弟者应该失去大学教师资格！

四、卓越教学是教师所主导的
美好的师生共同学术生活

课程教学的过程，是教师和学生围绕特定知识体系而展开的周而复始的课堂教学与讨论，是作业（或论文）的布置、评阅与反馈……这种具有日常性和重复性的教师与学生之间的长期的学术交往，是由诸多繁复的环节和细节所构成的，需要教师投入大量的时间和精力方能做好。

本书对于大学良师教学实践的研究揭示了一个基本事实，那就是大学良师愿意把自己的时间和精力投入到教学工作中。他们用心厘定课程教学目标，精选教学内容，投入大量时间备课，善巧地帮助学生"接知"和组织课堂研讨，自觉开展课后反思，用心设计和评阅学生作业（或论文），真诚而严肃地给学生"打分"，以及帮助学生改过迁善。在与学生共处的时间里，大学良师把自己的学问、思想和智慧无私地分享给学生。

他们陪伴了学生的学习过程，并为学生答疑解惑，其为学之道和为人之道潜移默化地影响着学生。学生因为有幸受教于他们而得以锤炼理性，摆脱依赖，克服无知，获得扎实的知识和正确的观念。

在人际关系中，交往双方同为伦理主体，并获得同等的心理体验。大学良师的真诚和本分，让受教学生"很开心"地去学习。通过真诚而严肃的长期的学术交往，师生之间彼此熟识，并建立起"我对你"的亲和人际关系，学生感谢"恩师"对自己的教诲，教师亦从真情相通的师生关系中收获到如天地一般宽广的职业幸福。

五、大学，应让更多教师
追求并实现"教得好"

每个人都会自觉去做那些对自己有价值和有意义的事情，具有高度自主性和自律性的大学教师尤其如此。

作者相信，如果大学教师投入到教学上的时间和精力得到认可，他们自会认真对待教学；如果"教得好"得到应有的鼓励，大多数教师也会像本研究所枚举的良师一样追求"教得好"。如果那样的话，"教好教坏一个样"的恶性教学生态就会得到遏止和改变。

大学必须回归到用教学质量评价教师工作的逻辑上来，只有这样，大学教师才会同时认同于自己的学者和师者身份。大学教师一旦真正认同于自己的师者身份，教学就成为他们求得心之所安必须去做的分内之事，成为"值得一做"的有意义的事业，他们会觉得他们其实是为了自己而去教学生的。

当然，大学教师"教得好"绝非一朝一夕之功，高深学问研究永无止境，教学经验需要不断积累，教学艺术是在充满无限创新可能的行动研究中长期打磨出来的，长而不宰的师生相处之道更是在教人无数之后形成的教育智慧。因此，大学应采用参与式研修等方法促进教师经常性地反思和交流教学经验，为教师观摩和欣赏教学艺术提供平台，以帮助更多的大学教师实现"教得好"。

六、大学，应让更多学生"学得有想法"

培养创新人才是研究性教学的根本目标。然而，在功利主义盛行的我国高等教育大众化阶段，青年大学生未必都能够认识到高深学问的价值，也未必具备研习高深学问所需要的恒心和毅力。我国今天的研究型大学如何才能够让青年学子"于研究学问之外，别无何等之目的"呢？

本书所研究的五个典型案例从不同的角度揭示了研究性学习、学术性阅读、批判性思维训练等研究性教学对于学生的事业或职业发展的现实意义，也显示出优质的大学教育在学生天资禀赋发展、性情陶冶、意志锤炼等方面的增益功用。

杨振宁在中美两国所接受的大学教育启示我们，一个"学得有想法"的"活生生"① 的大学生既是个人的最佳发展，也是最具科学精神和创新能力的社会公民。这正是以人文主义为思想基础的现代教育的根本理念，我国的大学应着力落实这种"以学生为中心"的现代教育理念。

从本书所呈现的 5 个案例中我们也看到了良师对于大学生的深远影响。诸如，吴大猷、王竹溪、费米、泰勒之于杨振宁，张紫葛之于江山，以及某韩裔美国教师之于乔。值得注意的是，这些良师之于学生的影响正是通过周而复始的课堂教学与讨论、作业（或论文）往返等师生共同学术生活而发生的。不然，学生不可能在经年之后无比感怀地回忆自己和"恩师"的故事。

在大学里，学生的成长受到校园环境、学术氛围、同辈群体、课程教学、讲座、课后作业、师生交往等大学生活方方面面的综合作用。一所好的大学应帮助学生辨别真伪、善恶和美丑，让学生触碰到至真至善至美，从而点燃学生追求真善美的渴望，这是"象牙塔"独有的优势，也是大学能给予学生最好的教育。

---

① 这是杨振宁关于学生学习的观点。他的原话是"一个（因学习任务太重）喘不过气来学生，今后不可能做得很好。他必须是一个活生生的学生，将来才行。……（教育）要使每一个人学得有想法……"原文见上海《文汇报》1985 年 7 月 22 日。转引自杨振东、杨存泉编《杨振宁谈读书与治学》，暨南大学出版社 1998 年版，第 157 页。

当然，自主学习是大学学习的特点，拥有正确的价值观念并充分发挥主体性是大学生健康成长的根本路径，大学教育工作者应激发学生的学习动机，帮助他们寻找人生方向，理性认识自我并努力成为更好的自己。唯有如此，大学才能成为学生心中真正的"母校"。

七、大学教学，应顺"道"而治

本书之所以引经据典地考察大学教学的逻辑，遍处搜寻"教得好"的片段，建构卓越教学的理想形态，叙写"学得好"的案例，重申"育人是大学的核心使命""研究与教学相统一""教学是大学的中心工作""大学教师应教书育人"等常识性真理，是因为作者希望我国的大学能够把这些大学教学之"道"找回来并顺"道"而治，从而还大学、大学教师和大学教学以它们本来之面目。

作者深知，改变一段时期以来积弊深重的大学教学状况确实很难。不过，正如诗人里尔克所说："我们分内的事情都很难；其实一切严肃的事情都是艰难的，而一切又是严肃的。"①

或许，当教师评价等大学管理的制度和理念进行系统化调整后，更多的大学教师会真正地认同于自己的学者和师者身

---

① 转引自李茵、黄蕴智《"教比学更难"》，《北京大学教育评论》2015年第2期。

份，如本书所枚举的良师一样兼重研究和教学，正心诚意地追求"教得好"，以卓越教学践履教书育人的神圣使命，在成就学术和成就学生的高等教育事业中成就自己的幸福人生。

让我们共同期待着——在我国的大学里，有更多的大学教师追求并实现"教得好"，有更多的莘莘学子际遇到良师并在良师指导下追求并实现"学得好"。

参 考 文 献

一、书籍

[美] Michael Spector 等著:《教育传播与技术研究手册》,任友群等译,华东师范大学出版社 2012 年版。

[美] 爱德华·希尔斯:《教师的道与德》,徐弢等译,北京大学出版社 2010 年版。

[美] 波依尔,E. L.:《学术水平反思——教授工作的重点领域》,《当代外国教育改革著名文献》(美国卷·第三册),吕达、周满生译,人民教育出版社 2004 年版。

蔡达峰:《大学:为了学生与社会》,复旦大学出版社 2009 年版。

陈洪捷主编:《德国古典大学观及其对中国的影响》,北京大学出版社 2003 年版。

陈洪主编:《大学语文》,高等教育出版社 2009 年版。

陈平原:《大学何为》,北京大学出版社 2009 年版。

陈伟:《西方大学教师专业化》,北京大学出版社 2008 年版。

陈向明:《搭建实践与理论之桥——教师实践性知识研究》,

教育科学出版社 2011 年版。

陈向明：《质的研究方法与社会科学研究》，教育科学出版社 2000 年版。

［英］大卫·休谟：《道德原则研究》，曾晓平译，商务印书馆 2011 年版。

［美］德雷克·博克：《回归大学之道——对美国本科教育的反思与展望》，侯定凯等译，华东师范大学出版社 2008 年版。

郭冬生：《大学本科教学管理制度论》，高等教育出版社 2005 年版。

［美］哈瑞·刘易斯：《失去灵魂的卓越》，侯定凯译，华东师范大学出版社 2007 年版。

［美］华勒斯坦等：《学科·知识·权力》，刘健芝等编译，三联书店 1999 年版。

黄达人等：《大学的根本》，商务印书馆 2015 年版。

江山：《思想札记》，世界宗教博物馆基金会附设出版社 2013 年版。

姜兆萍：《奥尔波特心理健康思想解析》，浙江教育出版社 2013 年版。

李彤、王蓓主编：《未名湖畔好读书：北大课堂之印象》，北京大学出版社 2007 年版。

梁治平等：《我的大学》，法律出版社 2004 年版。

［美］罗伯特·B.利兹马等：《大学教学法》，蔡振生译，高等教育出版社 1987 年版。

马和民:《教育社会学研究》,上海教育出版社 2000 年版。

[加] 马克斯·范梅南:《教学机智——教学智慧的意蕴》,李树英译,教育科学出版社 2001 年版。

潘懋元主编:《高等学校教学原理与方法》,人民教育出版社 1995 年版。

施良方:《课程理论——课程的基础、原理与问题》,教育科学出版社 2002 年版。

[美] 舒尔茨:《成长心理学》,李文湉译,生活·读书·新知三联书店 1988 年版。

孙培青等编:《教育名言集》,上海教育出版社 1984 年版。

陶行知:《中国教育改造》,东方出版社 1996 年版。

王策三:《教学论稿》,人民教育出版社 1985 年版。

王天一等编:《外国教育史》(上册),北京师范大学出版社 1993 年版。

吴康宁:《教育社会学》,人民教育出版社 1998 年版。

[法] 雅克 韦尔热:《中世纪大学》,王晓辉译,上海人民出版社 2007 年版。

[法] 雅克·勒戈夫:《中世纪的知识分子》,张弘译,商务印书馆 2002 年版。

杨眉:《健康人格心理学:有效促进心理健康的 14 种模式》,首都经济贸易大学出版社 2004 年版。

杨振东、杨存泉编:《杨振宁谈读书与治学》,暨南大学出版社 1998 年版。

杨振宁：《六十八年心路》，杨建邺、杨建军译，生活·读书·新知三联书店 2014 年版。

［美］易社强：《战争与革命中的西南联大》，饶佳荣译，九州出版社 2012 年版。

优米网编著，俞敏洪口述：《在痛苦的世界中尽力而为》，当代中国出版社 2012 年版。

俞敏洪：《生命如一泓清水》，群言出版社 2007 年版。

俞敏洪：《在绝望中寻找希望》，中信出版社 2014 年版。

岳梁编：《李政道传》，河南文艺出版社 2017 年版。

张东：《德性与理性：中国大学管理伦理诉求研究》，中国社会科学出版社 2018 年版。

张洪耘主编：《宣纸上的北大精神》，北京大学出版社 2016 年版。

张建东、王菊主编：《追求卓越教学的探索与分享》，云南大学出版社 2013 年版。

张维迎：《大学的逻辑》，北京大学出版社 2004 年版。

张远冰：《从农民到留学教父：新东方创始人俞敏洪的传奇人生》，中国盲文出版社 2003 年版。

赵树果：《高校本科教育教学管理研究与进展》，武汉大学出版社 2015 年版。

赵汀阳：《论可能生活——一种关于幸福和公正的理论》，中国人民大学出版社 2004 年版。

朱光潜：《大美人生 朱光潜随笔》，北京大学出版社 2008

年版。

朱自清：《朱自清作品新编》，人民文学出版社 2009 年版。

［日］佐藤学：《课程与教师》，钟启泉译，教育科学出版社
2003 年版。

二、期刊

陈霜叶、卢乃桂：《大学知识的组织化形式：大学本科专业及
其设置的四个分析维度》，《北京大学教育评论》2006 年第 4 期。

丁邦平：《"教学论"与"教学法"的关系辨析——跨文化比
较教学论的视角》（下），《教育学报》2015 年第 5 期。

范晓慧、朱志勇：《教师自我研究的何为与何能——兼评
〈师的自我研究〉》，《教师教育研究》2015 年第 4 期。

蒋喜锋、彭志武：《当教学成为学术——教学学术理论的深
层意蕴及启示》，《江苏高教》2011 年第 1 期。

雷新华、李冬梅、连丽霞：《美国赠地学院对我国高等农业
教育的启示》，《高等农业教育》2007 年第 9 期。

李茵、黄蕴智：《教比学更难》，《北京大学教育评论》2015
年第 2 期。

李长萍：《论大学课堂教学中的师生交互关系》，《教育理论与
实践》2006 年第 2 期。

林小英、宋鑫：《促进大学教师的"卓越教学"：从行为主义
走向反思性认可》，《北京大学教育评论》2014 年第 2 期。

刘大椿：《论科学精神》，《求是》2019 年第 9 期。

刘子龙、谢玉爽：《学生评教的发展与研究综述》，《当代教育

论坛》2010 年第 2 期。

吕林海、Shen Chen：《大学优秀教师的教学特征及启示——基于澳大利亚纽卡斯尔大学 8 位教学优秀教师的实证研究》，《中国大学教学》2010 年第 3 期。

马知恩：《怎样讲好一堂课》，《中国大学教学》2013 年第 6 期。

钦文：《"普通知识"与"高深知识"》，《北京大学教育评论》2007 年第 2 期。

丘维生：《用数学的思维方式教数学》，《中国大学教学》2015 年第 1 期。

史静寰、许甜等：《我国高校教师教学学术现状研究——基于 44 所高校的调查分析》，《高等教育研究》2011 年第 12 期。

[美] 亨利·汉斯曼著，王菊译，阎凤桥校：《具有连带产品属性的高等教育》，《北京大学教育评论》2004 年第 3 期。

王开林：《刘文典"狂"名满天下》，《同舟共进》2011 年第 11 期。

王增鑫：《新建本科院校要处理好教研与科研的关系》，《重庆工学院学报》（社会科学版）2007 年第 10 期。

熊华军：《中世纪大学教学价值的取向：在理性中寻求信仰》，《江苏高教》2007 年第 6 期。

许苏民：《也谈学术、学术经典、学问与思想——对梁启超、严复、王国维观点的质疑兼评"现代学术经典之争"》，《开放时代》1999 年第 4 期。

薛国仁、赵文华:《专业：高等教育学理论体系的中介概念》，《上海高教研究》1997 年第 4 期。

阎光才:《大学教学成为学问的可能及其现实局限》，《北京大学教育评论》2017 年第 4 期。

叶嘉莹:《我的老师孙蜀丞》，《读书》2017 年第 5 期。

于淑云:《现代教师专业成长之理念》，《深圳教育学院学报》1999 年第 1 期。

张意忠:《民国大学教授的教学特点及其启示》，《高等教育研究》2015 年第 5 期。

赵文华:《论作为一种专业组织的高等教育系统》，《高等教育研究》2000 年第 3 期。

周湘林、李爱民:《如何面对低效的课堂：学生如是说》，《高等教育研究》2012 年第 10 期。

Lee S.Shulman. From misk to pinsk：*Why a scholorship of teaching and learning*，*The Journal of scholarship of teaching and learning*，2000（1）。

三、报纸

《云南大学教师教学发展中心》，《中国高等教育》2014 年第 12 期（中心彩页）。

《致云南民族大学党委的一封信》，《云南日报》2013 年 10 月 18 日。

何瑶:《部分大学课堂师生心照不宣一起混》，《中国青年报》2010 年 11 月 6 日。

金子强：《关于精心设计开学第一课的倡议书》，《云南大学报》2014 年 1 月 12 日。

宋家宏：《教学是一门艺术》（五），《云南大学报》2017 年 6 月 13 日。

王嘉兴：《青年长江学者与她"404"的论文》，《中国青年报》2018 年 10 月 24 日。

杨勇：《荧光点点亦闪亮——开学第一课精彩片段点评》，《教学动态》2015 年 5 月。

姚晓丹：《大学课堂，缘何吸引力不够?》，《光明日报》2013 年 11 月 13 日。

叶雨婷等：《高校进入"严出"时代》，《中国青年报》2018 年 11 月 19 日。

俞敏洪：《要为做人的使命感而活着》，《中国青年报》2014 年 3 月 2 日。

四、网络

《2017 年全国教育事业发展统计公报》，2018 年 7 月 19 日，见 http：//www.moe.gov.cn/jyb_sjzl/sjzl_fztjgb/201807/t20180719_343508.html。

《赫钦斯与芝加哥大学名著教育》，2019 年 3 月 11 日，见 https：//www.xzbu.com/9/view-3847486.htm。

《几人能学宴才宏》，2006 年 12 月 26 日，见 http：//blog.sina.com.cn/s/blog_4aea09c60100072q.html。

鲁学伟：《大学新生在大学生活中感觉适应困难的事情》，

2019 年 1 月 22 日，见 https：//h5.qzone.qq.com/ugc/share？ticket=
MM%5F6255752669452415%5F1%5F6841154849716160%5FP
B&srctype=61&sid=&sharetag=9250504E1D3C8270DE10C0AF
4E5CAB2F&isappinstalled=0&bp7=&bp2=&bp1=&_wv=1&g_
f=2000000103&res_uin=1241585736&appid=2&cellid=1548138484
&no_topbar=1&subid=&g_ut=3&from=mp。

《你不失业，天理难容!》，2017 年 7 月 9 日，见 https：//
www.sohu.com/a/155790453_207712. 2017-07-09 23：05.

沈娟：《认识江山》，1997 年 9 月，见 http：//www.docin.com/
p-872507390.html。

余孙俐、林莉：新清华法学 20 年《明理师说》，2015 年 9 月
7 日，见 http：//www.tsinghua.edu.cn/publish/law/10127/2015/20150
909090534001924422/20150909090534001924422_.html。

俞敏洪：《开讲啦：相信奋斗的力量》，2013 年 1 月 4 日，见
https：//v.qq.com/x/page/v01286gwfkz.html。

俞敏洪：《相信自己有改变命运的能力》，2012 年 8 月 31 日。
见 https：//v.youku.com/v_show/id_XNDM3OTc3OTQ4.html。

俞敏洪：《走进大学，只是一次生命真正的开始》，2011 年 9 月
3 日，见 http：//www.neworiental.org/news/ymhzl/201109/1143904.html。

《中华人民共和国国民经济十年规划和第八个五年计划纲
要》，1991 年 4 月 9 日，见 http：//www.110.com/fagui/law_6294.
html。

人 名 索 引

后　记

　　这本书的写作过程堪比我十多年前做博士论文，其思虑之酸辛大大超乎预期。

　　2018 年 10 月刚开始写作时，我想的是，把已经通过审核的国家社科基金项目的结题成果稍微修改一下即可。但是，我很快就发现那并不是我想要的专著。

　　于是，我一边大改一边洗练思路。很多次，我追问自己，大学教学这个问题值得如此大费笔墨吗？教书育人难道不是大学教师天经地义的责任吗？刻苦学习难道不是大学生的本分吗？……我写这本书的意义何在？直到书稿终于杀青，我才意识到这次写作解决的是自己十多年来关于大学和大学教学的困惑。

　　人生的机缘非常巧合，我自 1990 年到北京师范大学上本科开始，竟然此后的人生光景全都在大学里度过。我对大学和大学教学的困惑开始于 2000 年前后。1999 年 9 月，我原来供职的云南政法高等专科学校并入云南大学，我遂到云大教务处做科员。因工作之故，我常去教室听课、查课，不少课堂沉寂无声，任课老师对此熟视无睹；上晚自习的学生寥寥无几。还有，学校改革举措此起彼伏；教学建设经费投入年年见长，教学成果却始终屈指可数……云大怎么变成这样了？作为教学管理人员，我能做些什么呢？——这是我在教务处工作期间常常想到的问题。

思而不学则罔。为求解答案，我在职攻读北大管理学博士学位，得以系统学习高等教育理论。2007 年，我有幸到复旦大学挂职锻炼，得以聆听和拜读时任副校长蔡达峰教授关于大学教学管理的真知灼见。2011—2015 年，作为云大教师教学发展中心负责人，我先后参加了清华大学、中国海洋大学、复旦大学、山东大学、上海交通大学举办的教师教学发展研讨会，在与很多"985 大学"的同仁交流后，我认识到，1999 年以来中国大学出现的教学问题并非云大独有。

在求解答案的过程中，我从云大一线教师身上获得的教益最为深厚。2011—2015 年，我和同事们组织了 13 期"教师教学能力研修班"，完成了全校专任教师的全员轮训。1400 多名教师参加了学习、研讨，提交了书面作业。在组织研修班的过程中，我深入接触到广大一线教师，并与很多教师有过愉快的当面沟通。因编印《追求卓越教学的探索与分享》一书，我还与 60 余名教师展开了多次电子书信交流。

本书正是我基于职务工作创作出来的学术作品，既包括学理分析，也包括教育现象描述。学理分析是我学习和内化夸美纽斯、施莱尔马赫、王策三、赵汀阳等先贤和学者的思想后形成的个人认识。在教育现象描述部分，本书呈现了云大、北大、复旦等四五十位教师的教学片断，以及部分学生的学习体验和一些大学校领导的治学经验。当然，本书也提到当前的一些大学教学乱象。毕竟，这些现象是激发我研究大学教学的"触媒"。

需要特别说明的是，本书第三章"大学生何以'学得好'"，其出现纯熟天意。2019 年 1 月中旬的某天，在云大呈贡校区候会的短暂时间里，我走进了图书馆。无意间看到《杨振宁谈读书治学》，拿起一翻，立马就被杨振宁的中美求学经历吸引了。于是，我决定除了研究教师"教得好"，再研究研究学生"学得好"，这就有了对于杨振宁、江山、俞敏洪、乔和丹 5 个人的大学生活的质性研究。

令我没有想到的是，对 5 个典型个案的研究把我的思考拉到了"大学生成长"这个教学最根本的问题上，并让我悟到赫尔巴特所说的"不存在无教育的教学"的深远意义。至此，我豁然开朗地坚定了写作的决心和信心。因为，我终于知道了，关心大学教学问题的既有"教育学"研究者，也有大学教师、大学管理人员和大学校领导，更有着广大的青年学生及其家长。

需要说明的是，本书的部分观点曾在 CHED（高校教学发展网络）2014 年会、ISSOTL（国际教与学学术协会）2016 年年会等学术会议上公开发布。美国马萨诸塞州立大学阿默斯特分校 2016 年出版的 *Faculty development in developing and fragile contexts：Theory and practice for improving the quality of teaching in higher education*（New York：Routledhe Taylor& Francis Group，2006）一书收录了我作为第二作者的 Transforming Teaching toward Student-Centered Learning through Participatory Approach and Action-Research——A Faculty Development Case of Yunnan University，China，这篇文章中的一些实证资料在本书中亦有所使用。

本书呈现的是我目前求解到的关于大学和大学教学的答案。值此困惑得解之际，我由衷地感谢云大教务处，那是一个给了我问题也帮助我从实践中求解答案的良好平台。在那里，我工作了 15 年，对很多工作倾注了深情和深思；在那里，我和很多同事建立了深厚的情谊；在那里，我完成了博士论文……它是我在云大的第一"娘家"。

本书的完成极大程度上得益于曾莹、刘玉鹏、张喜光、石鹏飞、王新、叶渊等同事、朋友和师长的支持和帮助，他们把自己的真知灼见和实践智慧无私地分享给我，一些老师还几次帮我修改文章。在此，我向他们致以最衷心的感谢！

本书"深描"的理想大学教学的片断主要引自《追求卓越教学的探索与分享》，作者的一些观点也来自该书。我之所以毫不避嫌地大段引述曹云雯、李子群、曾莹、史芳、索建峰、晋群、彭恒初、赵倩、郑全等老师的教学实践和教学思想，是因为这些良师的教学智慧非常打动我和启发我。如果读者也感同身受的话，我真诚地推荐大家细读这本书。

我必须感谢的同事还有云南大学本科教学督导团可敬可

亲的老先生和师长们，我和他们一起检查教学、听课、评课、评估试卷，他们的教学见地和敬业精神让我受益很多，金子强、杨勇等老师还给我提出了非常宝贵的工作建议。

我要特别感谢的是文学院的教学督导王晶老师。王老师退休前上过"大学国文""应用口才学""司法文书"等课程，学生口碑极好，很多听过课的学生都跟王老师有了深入而持久的交往。王晶老师曾任云南政法高等专科学校教务处处长，是她领我踏上教学教务管理正途。20多年来，我们亦师亦友，我的成长和进步离不开王老师的悉心提点和指导。本书的主题、结构和部分观点也是我们多番讨论后形成的。

感恩我的家人，你们的支持和帮助让我能够专心写作。其中，我的女儿丹不仅同意我叙写她的故事，还就自主学习、学术性阅读、创造性思维等问题跟我展开讨论，她的观点给我很多启发。

感谢北京大学康健和陈洪捷各位老师对我的抬爱和鼓励；感谢李玉凤、张娇、于萍、李辉、陈萍萍等硕士研究生的参与和帮助；感谢人民出版社各位编辑高效的工作和专业的指正。

如果本书有所创新和贡献，都离不开云大给予我的平台，也离不开众多同事、师长和同仁的帮助。本书的不完善之处由我负责，衷心希望得到同仁的批评指正。

作　者

2019 年 6 月